Edith Wharton (1862 bis 1937), die große amerikanische Schriftstelle-rin, deutschen Lesern vor allem durch ihren großen Roman *Zeit der Unschuld (The Age of Innocence)* und ihre Kurzgeschichten bekannt, war eine passionierte Italien-Reisende. Sie erforschte mit dem Zug, mit der Kutsche und schließlich mit dem Automobil die verborgensten Winkel dieses Landes. In den Reiseberichten dieses Bandes paart sich der kunstgeschichtlich geschulte Blick einer Kennerin mit dem souverä-nen Stil einer großen Dichterin. Es sind kluge und originelle Betrach-tungen über die Faszination Italiens und seiner Kunst.

Schon zu Anfang des Jahrhunderts macht sich so etwas wie Massen-tourismus bemerkbar, aber in Dimensionen, die uns neidvoll und amüsiert in jene Zeit zurückblicken lassen, als allmählich das Auto die Postkutsche ersetzte. Mit Wehmut stellt man fest, daß Edith Whartons Reisebilder auch eine Reminiszenz an ein Italien sind, das es nicht mehr gibt. »In der kaum übersehbaren Italienliteratur behauptet dieses Buch einen einsamen Rang.« *Hanns-Josef Ortheil*

insel taschenbuch 2731
Edith Wharton
Italien

Edith Wharton

ITALIEN

Reisebilder

Mit farbigen Fotografien
Aus dem Englischen von
Gerlinde Völker
Mit einem Nachwort
von Hanns-Josef Ortheil

Insel Verlag

insel taschenbuch 2731
Erste Auflage 2001
Insel Verlag Frankfurt am Main und Leipzig
© der deutschen Ausgabe:
wiborada verlag, Irmgard Wespel-Goop,
Schellenberg/Liechtenstein 1998
© für das Nachwort:
Insel Verlag Frankfurt am Main und Leipzig 2001
Hinweise zu dieser Ausgabe am Schluß des Bandes
Vertrieb durch den Suhrkamp Taschenbuch Verlag
Umschlag nach Entwürfen von Willy Fleckhaus
Satz: Hümmer GmbH, Waldbüttelbrunn
Druck: Konkordia, Bühl
Printed in Germany

1 2 3 4 5 6 – 06 05 04 03 02 01

INHALT

Eine Poststation in den Alpen
9

Ein Mittsommerwochentraum –
August in Italien
20

Die Wallfahrtsstätten in den
Penninischen Alpen
40

Was die Eremiten sahen
62

Ein toskanisches Heiligtum
78

Sub umbra liliorum –
Impressionen aus Parma
98

März in Italien
114

Malerisches Mailand
141

Italienische Hintergründe
156

Nachwort
195

Erwähnte Künstler
206

Zu dieser Ausgabe
217

EINE POSTSTATION IN DEN ALPEN

Eine der größten Freuden auf Reisen ist doch die Suche nach Kontrasten, und für denjenigen, der sich dieser Suche verschrieben hat, kann es keine bessere Vorbereitung auf den Abstieg nach Italien hinunter geben als ein Aufenthalt in den Hochtälern der Schweiz. Von dieser Region des so offensichtlich Malerischen – nur dazu da, *le cœur à poésie facile* zu erfreuen –, in jene geistig so überaus verfeinerte Landschaft zu kommen, wo sogar das Gesicht der Natur von den Leidenschaften und Ideen des Menschen geprägt zu sein scheint, ist einer der beeindruckendsten Übergänge in der immer kleiner werdenden Palette solcher Erfahrungen.

Nirgendwo fühlt man diesen Kontrast stärker als in einem der Hochtäler Graubündens. Das Bilderbuchland der Schweizer Seen ist geographisch und in seiner Charakteristik zu weit entfernt von Italien, als daß man hier Vergleiche ziehen könnte. Das Spielzeug-Chalet, mit seinem Gehabe von sich selbst bewußter Sauberkeit, das einem das Gefühl vermittelt, es käme, wenn man das Dach hochhöbe, nur eine Anzahl von Bändern und Scheren darunter hervor, oder die glänzenden Walzen einer Spieldose, läßt eher an Kunsttischlerei als an Architektur denken; die gefegten und geschmückten Straßen, die säuberlich abgezirkelten Gärten, die ordentlich gebändigten Weinreben, sie stehen eher für das Paradies alter Jungfern und würden hoffnungslos durcheinandergebracht durch etwas so Unpassendes wie ein Kunstwerk. In Graubünden jedoch, wo uns nur ein kahler grauer Paß von Italien trennt, fühlt man seinen Einfluß in negativem Sinne, nämlich gerade darin, wie schmutzig die Straßen sind, wie das Unkraut unten an den rauhen, schroffen Mauern wächst, wie die Fliegen um die unverhohlen präsentierten Misthaufen brummen. Auf angenehmere Weise zeigt sich derselbe Einfluß in den groben zentauernartigen Häusern, mit ihren schmiedeeisernen Fenstergittern und den Steinwappen, die über der würzig duftenden Dunkelheit der Ställe hängen. Dies sind Häuser von Menschen, die sich der Nähe Italiens bewußt sind, die die für einen heißeren Himmel entworfenen dicken Mauern, kleinen Fenster und hervorspringenden Dachtraufen auf die öden Höhen verpflanzt haben – vielleicht aus Einfallslosigkeit, vielleicht aus einem Impuls heraus, der ebenso sentimental ist wie unsere moderne Sammelleidenschaft. So lebhaft wird die Erinnerung an Italien wachgerufen, daß man beinahe erwartet, eine Zypresse an die abblätternden, pfirsichfarbenen Wände der *douane* des Dorfes sich lehnen zu sehen; aber genau da springt der Kontrast ins Auge. Die Zypresse und alles, wofür sie steht, sie fehlt.

Es ist während der Hochsaison in der Schweiz nicht leicht, auf ein Eckchen zu stoßen, das die Touristen nicht erobert hätten, aber in Splügen rauschen sie noch in einer Wolke von Postkutschenstaub vorüber oder sie halten nur an, um eine Flasche Paradiso zu leeren und eine rosige Forelle aus den Surettaseen hinunterzuschlingen. Man genießt diesen Ort daher um so mehr, als man immer das erfreuliche Schauspiel der armen irregeleiteten Hundertschaften vor Augen hat, die nur vorbeifahren; und von der günstigen Übersicht, die man von den einsamen Wiesen oberhalb des Dorfes hat, kann man die Menschenmassen beobachten, die nach Thusis oder Chiavenna hinunterfahren, und dabei so etwas empfinden wie die Genugtuung, von der die mittelalterlichen Scholasten glaubten, daß sie den Engeln zuteil würde, wenn sie auf die Verdammten hinunterblickten. Splügen bietet unendlich viele solcher Aussichtspunkte. An allen Seiten kann man von den mit Erlen gesäumten Ufern des Rheins durch Lärchendickicht, das von frisch entsprungenen Bächlein vibriert, auf grasbewachsene Höhen steigen, von wo aus man das Tal südwärts auf eine Unmenge von Gipfeln hin sich erstrecken sieht. Am Morgen sind diese hochgelegenen Wiesen heiß und lichtdurchflutet, und man ist froh über die roten Föhrenschneisen und die onyxfarbenen Wildbäche, die den Halbschatten noch kühler machen; doch gegen Abend, wenn die Schatten die Rasenhänge wie eine Spanne üppig fallenden Samtstoffs aussehen lassen, ist es herrlich auf breiten Felssimsen spazierenzugehen und zu beobachten, wie die Sonne sich aus dem Tal zurückzieht, wo die Mäher noch immer das Gras zu langen gebogenen Linien zusammenrechen, die wie die Furchen aussehen, die das Meer zieht, während die Föhrenwälder auf den östlichen Hängen immer schwärzer werden und der Schnee auf den Gipfeln langsam zu der Farbe kalter Asche verblaßt.

Die Landschaft ist einfach, weitläufig und heiter. Den Feldern wohnt noch das bedächtige Wiederkäuen vieler Generationen von Vieh inne, die Wälder bieten ihren Lebewesen kühle Geborgenheit, die Berge präsentieren sich eher mit derben, wettergegerbten Oberflächen als mit den subtilen Konturen der italienischen Alpen, die wie

Falten wirken, die vom Nachdenken herrühren. Man hat das Gefühl, eine Szene vor sich zu haben, in der *nie etwas geschehen ist*; das Adjektiv, das sich aufdrängt, ist dasselbe, mit dem Whitman die amerikanische Landschaft beschreibt – »die große *unbewußte* Landschaft meines Heimatlandes«.

Die Schweiz ist wie ein Diner, das auf die altmodische Art serviert wird, indem man alle Speisen zugleich auf den Tisch bringt: jedes Tal hat seine Wiese voller Blumen, seine »schaurige« Felsenschlucht, seine Bergspitzen mit den Gemsen, seinen Wald und seinen Wasserfall. In Italien dagegen werden die Eindrücke in verschiedenen Gängen auf den Tisch gebracht, so daß das Erinnerungsvermögen in der Lage ist, die Landschaften zu unterscheiden, und zwar sogar ohne die Hilfe jenes Anflugs von menschlicher Individualität, für den die schönste italienische Landschaft im Grunde genommen nur die Szenerie abgibt. In Splügen ist, wie bei den meisten Schweizer Landschaften, das Menschliche – die Zeichen, die auf die Gegenwart des Menschen verweisen –, eher etwas Störendes als ein Höhepunkt. Das Dorf Splügen, das auf einem Felssims oberhalb des Rheins kauert, wendet die Rückseite seiner Häuser auf linkische Art der Aussicht zu, als wüßte es, daß seine Darbietung im Vergleich zu der gewaltigen der Natur eher ärmlich ausfällt. Zwischen diesen Häusern, die in planlosen Winkeln zueinander gebaut sind, geradeso wie Schachteln, die man hastig auf einem Regal aufgetürmt hat, schlängeln sich gepflasterte Straßen den Hügel hinauf, aber nach einigen Metern verwandeln sie sich in einfache Bergpfade, und das Weideland neigt sich auf recht unverfrorene Weise bis zu den Hintertüren des Dorfes hinab. Die Landwirtschaft scheint überhaupt der einzige Grund zu sein, warum der kleine Ort existiert. Ganz Splügen ist zur Mittsommerzeit so etwas wie ein einziger Arm am Ende einer Sense. Den ganzen Tag lang verteilen sich dann die gebeugten Gestalten – Männer, Frauen und Kinder, Großväter und fleißige Winzlinge – auf den Abhängen der Hügel in einem immer weiter werdenden Umkreis, unermüdlich mähen, rechen und häufen sie das Gras auf. Die unteren Hänge werden zuerst freigelegt, dann weicht das hohe Gras, dick mit Rittersporn, Bergnelken und Knabenkraut durchsetzt, bis zur oberen Föhrengrenze nach und nach vor der zunehmenden Flut der Mäher. Sogar auf dem Friedhof bei der hochgelegenen Kirche schwingen die Sensen zwischen Grabhügeln, die mit Glockenblumen und Türkenbund überwachsen sind, so daß man glauben könnte, noch der Staub von Generationen sorgsam wirtschaftender Dörfler bereichere die Ernte ihrer Nachkommen.

Dies ist denn auch das einzige Schicksal, das man sich für sie vorstellen kann. Die Vergangenheit eines solchen Ortes muß ebenso bukolisch gewesen sein wie seine Gegenwart: Der mittelalterliche Burgturm, der jetzt auf seinen hölzernen Streben über dem Rhein langsam zerfällt, war sicherlich dort oben hingebaut worden, damit die Herren dieses Tales ein Auge auf das weidende Vieh haben und die Manöver der Mäher befehligen konnten. Die edlen Georgiis, die in den wappengeschmückten Häusern von Splügen wohnten und jetzt unter einem solchen Reichtum von Emblemen in der Kirche und auf dem Friedhof begraben liegen, müssen Experten für Düngemittel und Viehzucht gewesen sein; auch kann man sich, sogar für den Söldner mit diesem Namen, der im siebzehnten Jahrhundert lebte und dessen Epitaph ihn als einen »Hauptmann der Kohorten Seiner Majestät des Königs von Spanien« ausweist, keine ergreifenderen Emotionen bei seiner Heimkehr aus dem Krieg denken, als die, die das Gebimmel von Kuhglocken auf den Weiden und das Bild eines Tisches, der unter Rauchfleisch und gigantischen Käselaiben stöhnt, hervorruft.

Die Bauern auf den Feldern sind so ganz und gar ein Teil des Bodens, den sie bebauen, daß man durchaus behaupten kann, man habe tagsüber ganz Splügen für sich, von den höchsten Berggipfeln bis zu der verlassenen Hauptstraße. Am Abend ändert sich die Szenerie, und diese Verwandlung wird hier nicht ohne Absicht mit Begriffen aus der Theatersprache beschrieben, denn der Dorfplatz, der nach dem Sonnenuntergang zum Mittelpunkt des Lebens in Splügen wird, ähnelt auf ganz absurde Weise einem Bühnenbild. Die eine Seite dieses Platzes wird von der langen verwitterten Vorderseite des Postgasthauses begrenzt – doch halt, dieses Postgasthaus verdient eine Parenthese. Es wurde vor langer Zeit erbaut und dann, so erzählt es die Dorflegende, von »einer hochwohlgeborenen italienischen Familie« verlassen; von außen präsentiert es sich mit dicken Wänden, vorspringenden Dachtraufen und den ovalen Mansardenöffnungen eines alten toskanischen Hauses, während innen die klösterlichen Verästelungen steinüberwölbter Korridore zu Räumen führen, deren Decken und Wände mit Gebälk aus dem sechzehnten Jahrhundert vertäfelt sind. Die Steinterrasse vor dieser eindrucksvollen Behausung bildet die Vorderbühne, wo sich nach dem Abendessen die Zuschauer versammeln. Auf der rechten Seite des Platzes steht das blaßrosa »Post und Telegraphen Bureau«. Dahinter schließt den rechten Bühnenflügel ein geheimnisvolles gelblichfarbenes Haus mit einem bogenförmigen Eingang. Auf der anderen, linken Seite befinden sich die *dépendance* des Gasthauses und das Zollhaus, im linken Hintergrund sieht man die Dorfstraße sich bis zu einer Brücke über den Rhein und den ersten Windungen der Poststraße über den Splügenpaß durch Häuser hindurchschlängeln, die wie »Skizzen« in altertümlichen Zeichenbüchern aussehen (wobei die Risse im Putz mit sehr schwarzem Bleistift ausgeführt worden sind). Dem Gasthaus gegenüber steht der Brunnen, der in jedes Dorf gehört, er ist der Sammelpunkt des Chores; unter der steinernen Brückenmauer fließt der Gebirgsbach, der ein unsichtbares Orchester abgibt, und jenseits dieser Mauer füllen schneebedeckte Gipfel den Bühnenhintergrund.

Wenn das Abendessen vorüber ist, beeilen sich die ungeduldigen Zuschauer, auf die Terrasse zu kommen (mit einem Blick im Vorbeigehen in die Küche mit dem schönen Steingewölbe, wo der italienische Küchenchef mitten in den verstreuten Überresten eines hervorragenden Essens sein Fahrrad ölt), dort sind bereits emsige Vorbereitungen für den Höhepunkt des Abends im Gange – die Ankunft der Postkutschen. Das Orchester stimmt schon einmal seine Instrumente, und der Chor, der sich aus den Schauspielern von den Heufeldern rekrutiert, ist dabei, sich in den Kulissen zu versammeln. Ein Dutzend etwa kommt wie zufällig angeschlendert und hockt sich auf den vorstehenden Sockel der Poststation; andere hängen malerisch am Brunnen herum oder kommen zögerlich die Straße herauf, alles wartet auf das Stichwort der Souffleuse. Jetzt schlendern einige von den Nebenfiguren über die Bühne: der Besitzer der Sägemühle am Rhein, ein großer Mann in Tweed, der ehrerbietig vom Chor gegrüßt wird; zwei Personen in schwarzen Mänteln mit Spazierstöcken, die immer zusammen auftauchen und den Eindruck vermitteln, sie seien die vereinten Syndikusse des Dorfes; ein vermögender Müßiggänger in einer weißen Kappe mit Schirm raucht eine lange italienische Zigarre und wird von einem neugierigen Spitz begleitet; ein Bürger in weißen Socken und Stoffpantoffeln reicht seiner Frau den Arm, ihm voran ein Junge, so groß wie ein Zaunkönig, mit einer grünen Botanisiertrommel über der Schulter; der mit Goldlitzen geschmückte Beamte aus dem Zollhaus eilt herbei, ein wenig zu spät für seinen Einsatz; ein, zwei Dörflerinnen in sonnenverblichener Aufmachung und mit Brille schauen kurz vorbei, um die Postmeisterin zu besuchen; und dann kommt noch ein großspuriger junger Mann aus dem Postamt, dessen Gehabe zu erkennen gibt, daß er einiges vom Leben gesehen hat in Chur oder Bellinzona, er liest einen Brief sehr zum unverhohlenen Interesse des Chores, der Damen und des Spitzes. Die Art, wie diese Gestalten in geselliger Ruhe so kommen und wieder gehen, läßt an die gemächliche Eröffnung eines Schauspiels denken, das geschrieben wurde, bevor man die aristotelischen Einheiten abgeschafft hatte, und dessen Charaktere noch aus Typen mit ihren Gattungsnamen bestehen – der Wirt, die Postmeisterin, der Syndikus –, eine Komödie von Goldoni vielleicht, die aber sogar Goldonis einfache Schalkhaftigkeit vermissen läßt.

In der Zwischenzeit hat der Portier die Öllampen, die an einer Kette über der Tür des Gasthauses hängen, angezündet; eine himmlische Hand hat dem Abendstern über den Berggipfeln einen ähnlichen Dienst erwiesen, und durch die Stille, die sich über den Platz gebreitet hat, ertönt der ferne Klang von Glocken. ... Und sofort setzt die Handlung ein: der Gastwirt erscheint, gefolgt vom Portier und dem Kellner; eine Welle des Beifalls läßt den Chor aufleben; der Spitz läuft die Straße hinunter; und dann strecken die erschöpften Führer der Kutsche aus Thusis ihren Kopf um die Ecke. Die grellgelb gestrichene Kutsche – ein Landauer, der an eine verglaste »Clarence« angehängt ist – überquert die mit Kopfstein gepflasterte Bühne und schwingt sich in einem grandiosen Bogen vor die Tür des Gasthauses; vage auszumachende Gestalten lösen sich aus dem Chor, huschen um die Pferde herum und helfen der Guarde das Gepäck hinunterzutransportieren; die zwei Syndikusse lehnen in kritischer Distanz auf ihren Spazierstöcken und beobachten die Szene; der Spitz läuft eifrig zwischen den Beinen der müden Pferde herum, und die Türen der Postkutsche öffnen sich für diese sonderbare Menagerie von Leuten, die man nur auf Reisen trifft. Da kommen sie, sie sind uns so vertraut wie die Figuren von Noahs Arche: zuerst die Deutschen – der kleine Mann mit dem Dreifachkinn und dem Dackel, er scheint geradewegs aus den »Fliegenden Blättern« entsprungen zu sein, der Herkules in Pantoffeln mit einem Gesicht wie das, das man auf Pfeifenköpfen findet, und ihre rührseligen Ehegattinnen; schrille, impulsive Italiener, ein Priester mit einem freundlichen Schweinsgesicht und Amerikaner, die zielstrebig hineinspazieren, mit dem Namen ihrer Heimatstadt und ihres Heimatstaates in großen Buchstaben auf ihrem Gepäck; Engländerinnen, die wie Kanalarbeiter, Franzosen, die wie Mädchen aussehen, sie alle werden von dem gewölbten Eingang verschluckt, und schon verkünden ein anderes Glöckchengebimmel und Lampenlichter auf der Brücke, daß die Kutsche aus Chiavenna ankommt.

Die Zeremonie wiederholt sich und ein anderes Detachement der Reisemenagerie steigt aus. Diesmal befindet sich eine Familie von Nagetieren darunter, die den Eindruck vermittelt, als gehöre sie in ein Drahtgehege und mit Salat gefüttert; dann ein kleiner grimmiger Mann in Knickerbockerhosen und einer Schärpe, der eine große unterwürfige Ehefrau und zwei kleine Jungen mit heuchlerischen Mienen, die geradewegs aus »The Mirror of the Mind« stammen könnten, dirigiert; eine unglückliche Dame mit Brille steigt aus, die wie ein wieder verworfenes Experiment unseres Schöpfers aussieht, sie trägt eine graue Leinentasche mit aufgestickten Vergißmeinnicht; und dann ist da noch, wie könnte es anders sein, der junge Mann mit dem Alpenstock, der seiner ehrfürchtig staunenden Familie ein Sträußchen Edelweiß schicken wird. … Auch diese verschwinden, die Pferde werden weggeführt, der Chor zerstreut sich, die Lichter gehen aus, die Vorstellung ist vorüber. Nur ein Zuschauer bleibt noch, ein bedächtiger Mann in einem schnupftabakfarbenen Überrock, der zeigt, welche Höhepunkte das soziale Leben in Splügen zu bieten hat, indem er sorgsam und planmäßig Abend für Abend um die leeren Kutschen herumgeht, in die Fenster schaut und die Räder und die Deichseln überprüft und dann traurig in der Dunkelheit verschwindet.

Nun endlich haben die beiden Postkutschen den stillen Platz für sich. Da stehen sie Seite an Seite in staubigem Schlummer, bis die morgendlichen Kuhglocken sie zur Abfahrt wecken. Die eine fährt zurück nach Thusis, in eine Gegend mit guten Hotels, reiner Luft und landschaftlichen Platitüden. Von uns aus kann sie auch leer dorthin reisen. Aber die andere..., die andere wacht aus ihrem Alpenschlaf auf, um den kalten Paß bei Sonnenaufgang zu erklimmen und dann in heißen Serpentinen in ein Land hinabzusteigen, wo Kirchtürme sich in Campanili verwandeln, wo der Wein aus der Gefangenschaft der Senkrechten ausbricht und sich in befreiter Umarmung um die Maulbeerbäume windet, und wo in der Ferne jenseits der Ebene die lockende Luftspiegelung der Dome und Türme, der bemalten Wände und der skulpturenreichen Altäre sogar in die hintersten Winkel der Erinnerung strahlt. In dieser Postkutsche haben wir Plätze reserviert.

EIN MITTSOMMERWOCHENTRAUM

August in Italien

> .... Un paysage choisi
> Que vont charmant masques
> et bergamasques.
> *Paul Verlaine, Claire de Lune*

Zehn Tage lang hatten wir nicht so recht gewußt, was uns störte. Wir waren vor der Augusthitze und den Touristenhorden aus dem Vorderrheintal in ein Postgasthaus unterhalb des Splügenpasses geflohen, und hier hatte uns Fortuna alles beschert, was sich ein Reisender im Hochsommer nur wünschen kann – Einsamkeit, kühle Luft und herrliche Landschaft. Wohl ein dutzendmal am Tag sagten wir uns, wie gut wir es doch hätten, aber insgeheim genügte uns das alles nicht. Wenn wir durch die Lärchenhaine am Rhein wanderten oder auf die Wiesen auf den Anhöhen über dem Tal kletterten, bedrückte uns die betuliche Ausstrahlung unserer Umgebung, die aggressive Heilsamkeit und Ruhe dieser *bergerie de Florian*. Wir hatten das Gefühl, in einer Landschaft aus einem Sanatoriumsprospekt zu leben. Natürlich war es angenehm, wenn man Schopenhauers Definition des Angenehmen zugrunde legt. Wir hatten nichts von dem, was wir nicht wollten, andererseits wollten wir aber auch nicht unbedingt, was wir hatten. Wir hatten geglaubt, wir wollten eben dies, bis wir es bekamen, und da wir zugeben mußten, daß im Grunde unsere Wünsche alle erfüllt waren, blieb uns nur noch der Schluß, daß der

Fehler bei uns liegen mußte. Dann plötzlich fanden wir heraus, was nicht stimmte. Splügen war zauberhaft, aber es lag zu nah bei Italien.

Man kann einem Ort, der dreitausend Meilen von Italien entfernt liegt, durchaus vergeben, daß er nicht italienisch ist, aber daß ein Dorf an der Grenze zu Italien so unbeeindruckt und unerschütterlich schweizerisch bleiben konnte, war eine Quelle immer neuer Verzweiflungsanfälle. Sogar die Landschaft hatte nicht alle ihre Möglichkeiten ausgeschöpft. Einige Meilen weiter wurde sie zum Komplizen der erlesensten Vorstellungen des Menschen, aber hier konnten wir in ihr nur endloses Material für Schweizer Uhren und Viehfutter sehen.

Das Übel fing damit an, daß wir die Postkutschen beobachteten. Jeden Abend sahen wir, wie die eine sich über den Paß von Chiavenna aus heraufmühte, mit staubigen Pferden und schwitzenden Fahrgästen. Oh, wie taten uns diese Fahrgäste doch leid! Wir spazierten unter ihnen herum, stolz geschwellt von all der guten Luft in unseren Lungen. Wir fühlten uns frisch und kühl und beneidenswert und moralisierten über das traurige Schicksal all dieser armen Leute, deren kärgliche Ferien sie dazu zwangen, Italien im August zu besuchen. Aber das Gift fing schon an zu wirken. Wir stellten uns vor, was unsere weniger glücklichen Brüder gesehen hatten, bis wir anfingen, uns zu fragen, ob sie wirklich die weniger glücklichen waren. Immerhin waren sie *dagewesen*, und welche Nachteile konnten dieser Tatsache schon etwas anhaben? War es besser, es angenehm kühl zu haben und einen Wasserfall anzuschauen, oder war es besser, erhitzt den Markusdom zu betrachten? War es besser, auf Enzian oder auf Mosaiken zu laufen, Kiefernnadeln zu riechen oder Weihrauchduft? War es kurz und gut überhaupt jemals richtig, irgendwo anders zu sein, wenn man in Italien sein könnte?

Wir versuchten, den wachsenden Wahnsinn in den Griff zu bekommen, indem wir den Reisenden verfängliche Fragen stellten. War es sehr heiß an den Seen und in Mailand? »Entsetzlich!« antworteten sie und wischten sich die Stirn. »Phantasielose Schwachköpfe!« murrten wir und unterließen es, den nächsten Schub zu befragen. Natürlich war es dort heiß – aber was machte das schon? Man brauchte doch nur daran zu denken, wie man dafür entschädigt wurde! Die leeren Hotels und Eisenbahnabteile, die Tatsache, daß es kaum Touristen und Baedeker geben würde, waren noch das wenigste! Sogar die Italiener würden fort sein, irgendwo zwischen dem Appenin und dem Engadin; wir könnten den größten Teil des Landes für uns haben. Allmählich fingen wir an, uns vorzustellen, wie es wohl wäre, wenn wir Plätze für die Rückreise in der Postkutsche reservieren würden. Und von da an waren wir verloren. Wir sagten gar nicht viel zueinander, aber eines Morgens bei Sonnenaufgang fanden wir eine Reisekutsche vor unserer Tür. Niemand schien so recht zu wissen, wer sie bestellt hatte, aber wir sahen, daß unser Gepäck hinten auf ihr festgemacht war. Wir nahmen unsere Plätze ein, und der Fahrer wendete die Pferde in Richtung auf den Splügenpaß. Der Weg in die Schweiz war das nicht.

Wir stiegen hinauf zu Eis und Schnee. Die wilde Landschaft führte uns auf die Paßhöhe und blieb uns beharrlich bis zu dem erbärmlichen italienischen Zollhaus auf den Fersen. Dann begann der lange Abstieg durch Korridore von hochgetürmtem Schnee und steile Kiefernwälder, über die einsame Schlucht des Madesimo: alles noch ganz schweizerisch, aber mit der Verheißung von Italien in den Namen der trostlosen kleinen Dörfer. Das sichtbare Italien begann mit dem Tal des Liro, wo in einer wilden Salvator-Rosa-Landschaft der schöne Campanile der Madonna von Gallevaggio sich über den Lauben aus Walnußbäumen erhebt. Danach erklärten die Dörfer ihre Zugehörigkeit zu Italien immer offener. Die sich aneinander drängenden Steinhäuser verschwanden fast in einer Fülle von Granatapfelbäumen und Oleander. Pergolen mit Weinreben überschatteten die Türen, aus rauhem Mauerwerk gehauene Terrassen quollen über von Rosen und Dahlien, und zwischen den Walnußhainen lagen kleine Beete mit Melonen und Maisfelder.

Als wir uns Chiavenna näherten, hing eine dicke Hitzewolke über dem bewegungslosen Laub, und die Berge dräuten wie ein anziehendes Gewitter am Horizont. Es lag etwas Bedrückendes, ja beinahe Bedrohliches in der stillen Schwere der Atmosphäre. Sie schien die ganze Glut der von der Sonne festgebackenen lombardischen Ebene aufgenommen zu haben, von all den Reis- und Maisfeldern, die sich ohne jeden Schatten südlich von uns erstreckten. Aber das Auge wurde dafür sattsam entschädigt. Die vertraute Stadt Chiavenna war um diese Zeit so phantastisch malerisch wie der Hintergrund eines Freskos. Die alten Häuser mit den Medaillons über den Toreingängen aus verwittertem Marmor; die Innenhöfe voll bunter Blumen und überschattet von den

Weinreben an Spalieren; das weißschaumige Ungestüm der Mera, die zwischen den Gärten, Balkonen und Terrassen hindurchbraust, die in gewagten Winkeln über dem Wasser hängen –, gehörte all dies zu derselben Stadt, die wir so oft zu weniger romantischen Jahreszeiten gesehen hatten? Der Eindruck insgesamt war der der verschwenderischen Fülle des Rokoko – als ob die verspielte Figur des heiligen Nepomuk auf der Brücke, die grotesken Figuren auf der Balustrade der blaßgrünen Villa in der Nähe des Hotels und die stuckverzierten Altäre an den Straßenecken in eine Skulpturen-Blüte ausgebrochen wären, um mit dem mittsommerlichen Reichtum der Gärten zu wetteifern.

Unser Ziel, als wir die Schweiz verließen, war Italien gewesen, aber vor allem wollten wir die Bergamasker Alpen erkunden. Es war der Name gewesen, der uns angezogen hatte, ebensosehr wegen seines malerischen Klangs wie wegen der Assoziationen mit der *commedia dell'arte* und der lustigen Figuren des Harlekins und des Brighella, die er hervorrief. Ich bin schon oft so einem Namen folgend gereist und bin nur selten nicht belohnt worden. In diesem Fall war die Karte in jeder Hinsicht vielversprechend. Die Region, die mit den weitgespannten Buchstaben »Bergamasker Hochthäler« überschrieben war, sah gefurcht und vielgegliedert aus, was einem erfahrenen Reisenden verheißungsvoll erscheinen muß. Sie war reich, stark bevölkert und voller Anregungen; und die Namen der Dörfer waren so zauberhaft.

Früh am nächsten Morgen machten wir uns auf den Weg nach Colico am oberen Ende des Comer Sees, von dort sollte uns der Zug nach Sondrio bringen, der größten Stadt des Veltlins. Der See, wo wir auf den Zug warten mußten, lag in geradezu unnatürlicher Schönheit unter einem windstillen Himmel und die gefurchten Gipfel badeten in so subtilen Farbabstufungen, wie sie die Atmosphäre zu anderen Jahreszeiten nicht einmal andeutungsweise zu erkennen gibt. In Sondrio erwartete uns dann die ganze Trostlosigkeit einer modernen italienischen Stadt mit ihren breiten schattenlosen Straßen, aber als wir am Nachmittag eine Kutsche zur Madonna di Tirano nahmen, waren wir ganz bald wieder im Land der Romantik. Das Veltlin, durch das wir fuhren, ist ein riesiger Obst- und Gemüsegarten von unglaublicher Fruchtbarkeit. Der *gran turco* (wie der Mais genannt wird) wächst höher als Menschengröße auf dschungelartigen Feldern, und die Trauben und Melonen sind so übertrieben groß und blühend frisch wie ihre gemalten Gegenstücke in den holländischen Stilleben. Die reiche Fadheit dieses Vordergrundes wurde durch die eleganten Linien der Hügel gelindert und dadurch, daß die Luft von der brausenden Adda gekühlt wurde, die den Windungen unserer Straße folgte, und auch durch die kurzen Blicke, die wir ab und zu auf die schneebedeckten Gipfel am oberen Ende des Tales werfen konnten. Die Dörfer waren ganz uninteressant, aber wir fuhren an einer tieferliegenden verlassenen Kirche vorbei, einem entzückenden Stückchen verfallendes siebzehntes Jahrhundert mit bröckelnden Stuckornamenten und voll Unkraut, das sogar aus den üppig verzierten Vasen des Ziergiebels wuchs; und ganz in der Ferne, auf einer einsamen bewaldeten Anhöhe, konnten wir einen, ach viel zu kurzen Blick auf eine andere Kirche werfen, ein Renaissancegebäude, reich mit Marmor verkleidet: einer der nicht-katalogisierten Schätze, die Italien noch immer in Hülle und Fülle besitzt.

Gegen Abend erreichten wir die Madonna di Tirano, die große Pilgerkirche des Veltlins. Mit dem Kloster, das an sie angeschlossen ist, steht sie allein in pappelüberschatteten Wiesen eine Meile oder mehr von der Stadt Tirano entfernt. Die marmorne Kirche, ein Gebäude aus dem späten fünfzehnten Jahrhundert von Battagio (dem Architekten der Incoronata von Lodi), hat den besonderen Charme dieser kurzen Übergangsperiode, als die Individualität des Details mit dem wieder aufkommenden Sinn für Einheitlichkeit verschmolz, aber noch nicht ganz verlorenging. Von den Säulen des Vorbaus mit ihren an Verona erinnernden Arabesken bis zu der Bronzestatue des heiligen Michael, der sich in der Schwebehaltung, die man sonst von Merkurfiguren kennt, auf der Kuppel hält, verbindet das ganze Gebäude den Charme und die Naivität älteren Stils mit der Würde eines durchdachten Ganzen. Das Innere ist, wenn auch weniger homogen, noch »amüsanter« in der französischen Bedeutung des Wortes. Die abgeschiedene Lage der Kirche ist ohne Zweifel der Grund dafür, daß sie der vereinheitlichenden Hand der Verbesserer entkommen konnte und sich jetzt mit drei Jahrhunderten kontroverser ornamentaler Ausschmückung präsentiert, welche von der Marienkapelle, die mit ihren klar umrissenen Reliefs so sehr an die Arbeiten von Omodeo in Pavia erinnert, bis zu den barocken Schnitzereien der Orgel und der Grisaille aus dem achtzehnten Jahrhundert unterhalb der Chorempore reicht.

Das benachbarte Kloster vom Heiligen Michael hat man in eine Herberge verwandelt, ohne große Veränderungen vorzunehmen, man hat nur die Mönche in den weißgekalkten Zellen um den Kreuzgang herum durch Touristen ersetzt. Das alte Gebäude ist ein staubiges Labyrinth aus Innenhöfen, Loggien und taubenbewohnter Galerien, und man braucht wenig Phantasie, es mit Gestalten in Mönchskutten zu bevölkern, die leise und eilig zum Brevierbeten oder zur Danksagung schlüpfen; im Refektorium, wo wir aßen, hingen noch immer die Porträts der Kardinäle und Monsignori und der Äbtissinnen, die kleine frettchenartige Hunde auf dem Arm halten.

Am nächsten Tag fuhren wir durch üppige Wiesen nach Tirano, eine dieser geschichtslosen und unbeachteten italienischen Städte, die für das aufmerksame Auge einen großen Schatz von stillen Eindrücken bereithalten. Es ist schwierig, irgendeinen besonderen »Effekt« zu benennen, der eilige Tourist würde wohl nur öde Straßen und gesichtslose Fassaden entdecken. Aber dem Ort haftet etwas Altertümliches und eine feine Zurückhaltung an. Die gesichtslosen Häuser sind »Paläste«, mit langgestreckten Fassaden und voller Wappen, sie erlauben Einblicke in arkadengeschmückte Innenhöfe und in Gärten, wo zerbrochene Statuen und verstummte Springbrunnen unter Mais und Dahlien ersticken und wo Weintrauben an den bröckeligen Stuckwänden reifen. Hier und da stößt man auf eine frivole kleine Rokokokirche, die die Zeit in wunderbare Harmonie mit ihrer Umgebung gebracht hat, oder auf einen Springbrunnen auf einem stillen Platz oder auf einen Balkon mit einem schmiedeeisernen Geländer, der romantisch über einer Fassade voller geschlossener Läden hervorragt, oder auf das eine oder andere typische Detail, das zur *mise en scène* einer durchschnittlichen italienischen Stadt gehört. Eben an solchen Orten wie Tirano, wo es keine auffallenden Schönheiten gibt, die das Auge für sich beanspruchen, nimmt man den Wert solcher Details in besonderem Maße wahr, erkennt man das, was man die negative Stärke des italienischen Kunstsinns nennen möchte. Wo der italienische Baumeister nicht im großen Stil arbeiten konnte, da konnte er es doch vermeiden, kleinkariert und trivial zu werden, und diese künstlerische Zurückhaltung gibt so manch einer langweiligen kleinen Stadt wie Tirano eine architektonische Würde, die unseren großen Städten fehlt.

II

Zwei Tage später kehrten wir in das weltliche Leben zurück, als wir das Kloster verließen und uns auf den Weg über den Apricapaß nach Edolo machten. Zunächst fuhren wir für ein, zwei Meilen die Straße nach Sondrio zurück, dann bogen wir nach links ab und begannen den Aufstieg in die Hügel durch Birken- und Eichenwälder. Mit jeder Biegung der Straße wurden die Ausblicke in das Veltlin in Richtung auf Sondrio und Como weiter und schöner. Niemand, der nicht einmal eine solche Aussicht im frühen Licht eines Augustmorgens genossen hat, kann die poetische Wahrheit von Claude Lorrains Interpretation der Natur erfassen: uns war, als führen wir durch eine Galerie, in der seine Bilder hingen. Hier gab es denselben ausgedehnten, wogenden Wald, dieselben silbrigen Windungen eines Flusses in immer endlosere Fernen hinein, dieselbe ätherische Linie der Hügel, die mit einem unermeßlichen Himmel verschmolz.

Als wir uns der Paßhöhe näherten, ersetzten Föhren und offene Wiesen den Wald. Wir aßen bei einem kleinen Hotel mitten auf der freien Wiese unter lauter Italienern, die auf ihre schrille, gesellige Art die *villeggiatura* genossen, dann machten wir uns an den Abstieg nach Edolo im Val Camonica.

Die Landschaft veränderte sich sehr schnell, als wir weiterfuhren. Hier gab es keine weiten landschaftlichen Szenen mehr wie auf der anderen Seite des Passes, aber eine Folge von kleineren parkartigen Ausblicken: gerundete Baumgruppen, die mit moosbewachsenen Lichtungen abwechselten, Wasserfälle, die von alten Mühlen überragt wurden, und *campanili*, die sich über in Laub versteckten Dörfern erhoben. Auf den weichen Grasterrassen unter Walnußzweigen erwartete man bei jeder Wegbiegung auf eines der ländlichen Bilder Giorgiones zu stoßen oder auf eines von Bonifazios prächtigen Picknicks. Diese Landschaft hat eine wohldurchdachte Schönheit, bei der Samtroben und Zelter mit prächtig verzierten Pferdedecken durchaus am Platze wären, und sogar die Dörfer könnten von einem Künstler »hineingepinselt« worden sein, der sich auf effektvolle Malerei versteht und keine Angst davor hat, Verbesserungen an der Realität vorzunehmen.

Die Sonne war schon untergegangen, als wir Edolo erreichten, eine öde Stadt in prachtvoller Lage am oberen Ende des Val Camonica, die von den Eisgipfeln des Adamello überragt wird. Der Oglio, ein lauter Fluß, dessen Redseligkeit von den Gletschern gespeist wird, wälzt sich in wildem Tempo durch die verschlafenen Straßen, als wäre er ungeduldig wegzukommen, und uns tat es nicht leid, ihm am nächsten Morgen zu folgen und unseren Weg ins Tal hinein fortzusetzen.

III

Das Val Camonica, das sich von der Adamello-Gruppe bis zum Kopfende des Iseo-Sees erstreckt, ist eine kleinere und pittoreskere Version des Veltlins. Wieder säumten Wein und Mais unseren Weg, aber die Berge waren näher, die Dörfer zahlreicher und malerischer.

Wir hatten in dem unschätzbaren Reiseführer von Gsell-Fels eine vage Andeutung von einer interessanten Kirche irgendwo in diesen Bergen gelesen, aber wir hatten in Edolo nichts über sie erfahren können, und nur durch hartnäckiges Nachfragen an der Straße erfuhren wir schließlich, daß es tatsächlich eine Kirche mit »Skulpturen« in dem Bergdorf Cerveno gab, zu hoch gelegen, als daß man sie noch mit einer Kutsche hätte erreichen können. Wir verließen die Hauptstraße an der Stelle, die man uns genannt hatte, und fuhren in einem leichten zweirädrigen Pferdewagen einen steinigen Saumpfad hinauf, zwischen Weinbergen und Obstgärten hindurch, bis der Weg zu schlecht für Räder wurde; dann stiegen wir zu Fuß weiter bergan. Als wir uns dem Häufchen elender Hütten näherten, auf das man uns verwiesen hatte, waren wir überzeugt, einer falschen Spur gefolgt zu sein. Nicht einmal in Italien, dem Land der unerwarteten Schätze, konnte man hoffen, eine Kirche mit »Skulpturen« in einem so ärmlichen Dörfchen hier in den abgelegenen Bergen zu finden! Cerveno zeigt noch nicht einmal die Spuren längst vergangenen Wohlstands. Es ist ganz offensichtlich nie etwas anderes gewesen als das, was es jetzt ist – das allerbescheidenste *paese*, das sich in die nie besuchten Falten der Alpen kauert. Die Bauern, die wir trafen, bestanden aber doch darauf, daß die Kirche, die wir suchten, ganz in der Nähe sei; doch je höher wir stiegen, desto mehr sanken unsere Hoffnungen.

Aber dann plötzlich, am Ende eines langen Pfades stießen wir auf ein beeindruckendes Portal. Die Kirche, zu der es gehörte, stand auf einem erhöhten Vorsprung des Hügels, und die Tür führte in einen von einem Gewölbe überspannten Aufgang mit einer Flucht flacher Treppenstufen, die von Plattformen oder Treppenabsätzen unterbrochen wurden – eine kleine, aber wirkungsvolle Imitation von Berninis Treppe im Vatikan. Als wir hinaufstiegen, bemerkten wir, daß jeder Absatz sich zu einer schwach beleuchteten Kapelle mit vergitterten Türen öffnete, durch die wir Terrakotta-Figuren erkennen konnten, die die Szenen der Passionsgeschichte darstellten. Dieser Treppenaufgang war tatsächlich ein Kreuzweg genau wie der berühmtere in Varallo, und die Idee, die Kapellen zu beiden Seiten der langen Treppenflucht zu plazieren, die zu der Kirche führte, statt sie auf der offenen Seite des Hügels zu verteilen, wie es auf allen anderen »Heiligen Bergen« in Norditalien üblich ist, war wirklich originell.

Man muß natürlich zugeben, daß es für einen Dilettanten besonders aufregend ist, einen unerwarteten

»Kunstfund« zu machen, aber selbst wenn man einmal von diesem rein subjektiven Empfinden absieht, bleibt die Via Crucis von Cerveno mir als eines der besten Exemplare ihrer Art in Erinnerung – die erstaunlichen Terrakotta-Figuren von San Vivaldo in der Toskana einmal ausgenommen. In Cerveno, wie in Varallo, zeichnen sich die Terrakottagruppen durch ungewöhnliche Lebendigkeit und Ausdruckskraft aus. Die Grundzüge der Komposition sind konventionell, und die Hauptpersonen – Christus, die Apostel, die Heilige Jungfrau und die anderen Heiligenfiguren – sind nach traditionellem Typus gestaltet, aber die Nebenfiguren, offensichtlich nach dem Leben gezeichnet, sind mit unverhohlenem Realismus, mit außergewöhnlicher Lebensnähe im Ausdruck und in ihren Gesten wiedergegeben worden. Genau solche Charaktere – der Zwerg, der Bettler, der Bucklige, der muskulöse Fuhrmann oder der Bauer hinter dem Pflug – waren uns in jedem Dorf auf dem Weg nach Cerveno begegnet. Wie in all den Hügelgegenden, wo der Kropf häufig vorkommt, werden die übelsten Charaktere in dem Drama mit einer häßlichen Fleischtasche unter dem Kinn dargestellt, und auch Signorelli hätte sich keine bestialischer grinsende Grausamkeit ausdenken können als die mancher Gesichter, die sich um den sterbenden Christus drängen. Die Szenen folgen der üblichen Ordnung der Passionsgeschichte, ohne auffällig von der traditionellen Gruppierung abzuweichen, aber es liegt ein ungewöhnliches Pathos in der Kreuzesabnahme, wo das Licht vom Dach der Kapelle mit tragischer Intensität auf das Gesicht einer Maria Magdalena von milder lombardischer Schönheit fällt.

Kaum weniger überraschend als diese bemerkenswerte Treppe ist die Kirche, zu der sie führt. An den
Wänden hängen erbauliche Bilder eingefaßt in das ver-
blaßte Gold prächtiger alter Rahmen, die Altarfronten
sind außergewöhnlich gute Beispiele für die Holzschnitzerei aus dem sechzehnten Jahrhundert, und der Altar
wird von einem kunstvoll gearbeiteten Tabernakel gekrönt, auch aus Holz geschnitzt, bemalt und vergoldet,
und er allein lohnt schon die Mühe, bis nach Cerveno
hinaufzusteigen. Diesem Tabernakel liegt ein kompli-
zierter architektonischer Entwurf zugrunde – wie bei den
phantastischen Konstruktionen in Fontana oder Bib-
biena –, eine gedrängte Fülle von winzigen Heiligen und
Kirchenvätern, Engeln und *putti*, Verwandte des kleinen
Völkchens an den neapolitanischen *presepii*: eine himmlische Gesellschaft, die um die Gottesdarstellung flattert,
die den Schrein überragt,

*Si come schiera d'api che s'infiora.**

Dieser Reichtum an Holzschnitzerei ist, wenn auch überraschend in einer so abgelegenen und bescheidenen Kirche, doch charakteristisch für die Region um Brescia
und Bergamo. Lamberti von Brescia, der den berühmten Rahmen von Romaninos Madonna in der San-Fran-
cesco-Kirche geschaffen hat, war einer der größten
Holzschnitzer der italienischen Renaissance; und jede
Kirche und jede Kapelle, in dem Land, durch das wir
fuhren, bewies, daß die Kunst auch weiterhin gepflegt
wurde, durch einen anmutigen Rahmen oder eine schöne Altarfront, oder durch irgendeinen Heiligen oder

* Wie die Bienen umschwärmen, was erblüht.

Engel, der vielleicht grob, aber ausdrucksstark gestaltet worden war.

Wir aßen an diesem Tag in Breno, einer Stadt, die von einer Burgruine auf einem Hügel bewacht wird, und beim Sonnenuntergang kamen wir nach Lovere, am oberen Ende des Iseo-Sees. Der Abend war der stillste aller stillen Abende, und die kleine Stadt, die durch Lady Mary Wortley Montagu unsterblich gemacht wurde, spiegelte sich mit jeder Spalte und jeder Falte ihres Berghintergrundes in der perlenfarben schimmernden Oberfläche des Sees. Pedantisch gesonnene Kritiker, die vergebens am Seeufer nach Lady Marys Villa und ihren Gärten gesucht hatten, haben sich darüber beklagt, daß deren Beschreibungen nicht akkurat seien; aber jeder, der Italien liebt, wird verstehen, was in ihrem Kopf vor sich ging, als sie ein imaginäres Lovere schuf. Denn, wenn die Stadt auch auf den ersten Blick langweilig und enttäuschend ist, so könnte sie doch zusammengenommen mit ihrer Umgebung die Folie für eine dieser turneresken Visionen bilden, die sich in Italien ständig zwischen den Reisenden und seine wirkliche Umgebung drängen, auch wenn dieser noch so gewissenhaft versucht, sich an die Realität zu halten. Es ist wahrhaftig beinahe unmöglich, Italien nüchtern und als Ganzes zu sehen. Der Ansturm von Eindrücken und Erinnerungen ist zeitweilig so überwältigend, daß die Betrachtung sich in reiner Empfindung verliert.

Mit Sicherheit wird jedenfalls derjenige, der an einem Augustmorgen von Lovere nach Iseo am Südende des Sees segelt, Lady Marys Halluzinationen erliegen. Von ihrem Beispiel gewarnt und ohne mich mit ihrer Begabung entschuldigen zu können, zögere ich, die Eindrücke dieses Erlebnisses wiederzugeben, oder wage es höchstens in der Zeit der Vergangenheit, um so (und auch das nur mit gedanklichen Vorbehalten) geltend zu machen, daß der See an diesem bestimmten Morgen vor soundsoviel Jahren einen so und so gearteten Anblick bot. Doch die Schwierigkeit, eben diesen Anblick wiederzugeben, bleibt. Ich kann nur sagen, es war genau der See der *carte du tendre*, auf dem in den Romanzen des achtzehnten Jahrhunderts fröhliche Gesellschaften sich in samtbehangenen Barken zur Insel Cythera aufmachten. Jedes Dorf an seinem verzauberten Ufer hätte die Bühne für eine Komödie im Bergamasker Dialekt abgeben können, mit Harlekin im gestreiften Mantel und Brighella mit spitzem Hut und weiten, grünweißen Hosen, die vor dem verschlossenen Haus auf und ab stolzieren, in dem Dr. Graziano sein hübsches Mündel versteckt hält; jede Villa, die ihre Markisen und ihre heiteren Blumen im See spiegelte, hätte eine Rosaura beherbergen können, der Leandro, der toskanische Liebhaber, durch die mit Schlössern behangenen Gittertore am Wasser seine *rispetti* vorträllert; jedes rosafarbene oder gelbe Kloster auf der Höhe hätte einen durchaus glaubhaften Mönch, einen Nachfahren von Macchiavellis Fra Timoteo, hervorbringen können, der auf dem Marktplatz predigen, an den Türen der Villen betteln und Rosaura und Leandro helfen würde, den fetten Trottel Pantalone in seinem schwarzen Mantel und den scharlachroten Socken zu übertölpeln. Das achtzehnte Jahrhundert von Longhi, Tieopolo und Goldoni wurde vom See wie von einem magischen Kristall reflektiert. Haben sich die Bilder aufgelöst, als wir in Iseo landeten, oder wird ein späterer Reisender sie noch immer unter den Wellen finden wie die versunkene Stadt Ys? Man weiß in solchen Fällen nie, wieviel das Auge aufnimmt und wieviel es dazutut, und wann immer die Grenzen zwischen Dichtung und Wahrheit verschwimmen, kann das sehr wohl am Zauberbann eines italienischen Mittsommerwahns liegen.

IV

Die Sonne lag schwer auf Iseo, und die Eisenbahnreise von dort nach Brescia hinterließ in unseren Köpfen ein goldenes Geblendetsein von der Hitze. Als wir Brescia erreichten, war es sehr erfrischend, in die Straßen der Altstadt zu kommen, wo die Dächer sich fast berühren und es immer irgendwo ein gesegnetes Schattenfleckchen gibt, in dem man sich bewegen kann. In den italienischen Städten ist es sehr viel kühler als auf dem Land. Gerade im August versteht man die Weisheit der alten Baumeister, die die Straßen so eng anlegten und zugige Laubengänge um die offenen Plätze bauten. In Brescia waren die Licht- und Schatteneffekte, die sich auf diese Weise ergaben, beinahe orientalisch in ihrer scharfkonturierten Intensität; die rauhen Stuckfassaden, die von lebhaftem Sonnenlicht vergoldet wurden, brachten die Tiefe der mit ihnen kontrastierenden Schatten erst so richtig zur Geltung, und die Frauen, die mit schwarzen Schleiern über dem Kopf unter geheimnisvollen Balkonen und Säulengängen dahinhuschten, wirkten wie tanzende Fragmente des Schattens.

Brescia ist zu allen Zeiten ein wunderbarer Ort, der

zum Verweilen einlädt. Seine wichtigsten Besitztümer – die geflügelte Siegesgöttin aus Bronze und der Raum im Palazzo Martinengo, wo Moretto mit besonders glücklicher Hand die Damen der Familie unter Gitterwerkbögen darstellte, wahrend ihre Villen den Hintergrund bilden – geben ihm sogar unter italienischen Städten einen besonderen Platz; außerdem hat es ja noch sein schönes Rathaus, seine Gemäldegalerie und die merkwürdigen Innenhöfe, die perspektivisch bemalt und so charakteristisch für die Stadt sind. Aber im Sommer ist die Versuchung groß, einfach dazusitzen und an diese Dinge zu denken, statt sie zu besichtigen. Im Innenhof des Hotels, wo der Springbrunnen erfrischend plätschert und die unverblichenen Markisen im Windhauch der elektrischen Fächer schlagen, genießt man das Gefühl, daß die Siegesgöttin und die Bilder ganz in der Nähe und wie alte Freunde immer bereit sind, mit uns unseren Neigungen nachzugehen, aber wenn man es schon riskiert, sich aufzumachen, dann doch lieber zu den Kirchen als in die Galerien. Nur zu dieser Jahreszeit lernt man die Atmosphäre der Kirchen wirklich schätzen: die eisige Kälte, die den Sonnenschein wie mit dem Messer durchschneidet, wenn man über die dunkle Schwelle tritt. Als wir in den Dom kamen, waren seine ungeheuren Schiffe leer, aber weit hinten im Halbdunkel seines säulenverzierten Altarraums hörten wir das eintönige Intonieren von Meßgesängen, das die Luft erfrischte wie der Klang eines Wasserfalls in einem Wald. Von dort wanderten wir weiter zur Kirche San Francesco, die auch leer war und wo im von Sonnenflecken durchbrochenen Halbdunkel der großartige Romanino hinter dem Hochaltar thronte. Der Sakristan zog den Vorhang vor dem Bild weg, und als es sich uns in all seiner sonnengebadeten Schönheit darbot, rief er mit plötzlichem Erstaunen aus, so als hätte er es nie zuvor gesehen: »E stupendo! E stupendo!« Vielleicht fand er irgendwie, wie wir auch, daß Romanino, wenn man ihm gerecht werden wollte, in genau diesem Licht betrachtet werden sollte, einer Projektion der milden und strahlenden Atmosphäre, in der auch seine Kreationen sich bewegen. Mit Sicherheit fesselt kein Romanino in den großen öffentlichen Galerien die Vorstellungskraft so wie die Madonna von San Francesco; in ihrer Gegenwart denkt man mit schmerzhaftem Bedauern an all die schönen Dinge, die ihrem Heimatboden entrissen wurden, um das Herbarium irgendeines Kunstsammlers zu schmücken …

V

Es war der letzte Tag unserer Reise, als das unerschütterlichste Mitglied unserer Gruppe nach ausgiebigem Studium der Führer verkündete, daß wir die Bergamasker Alpen im Grunde genommen gar nicht gesehen hätten. In dem aufgeregten Streitgespräch, das daraufhin einsetzte, bestärkten die Argumente zunächst die eine und dann die andere Seite; aber als wir die Karte noch einmal ganz genau ansahen, wurde unsere Befürchtung bestätigt, daß wir über die Grenzen des gelobten Landes gar nicht hinausgekommen waren. Zugegebenermaßen war diese Entdeckung zuerst etwas demütigend, aber bei längerem Nachdenken erfüllte uns der Gedanke, daß wir die Besichtigung der Bergamasker Alpen noch vor uns hatten, mit großer Freude. Darüber hinaus hatte unser Irrtum unser Erlebnis sicher noch gesteigert, und wir erinnerten uns mit neuer Bewunderung an Goethes scharfsinniges Wort – ein Wort, das von Italien inspiriert worden war –:

O, wie beseliget uns Menschen ein falscher Begriff!

DIE WALLFAHRTSSTÄTTEN IN DEN
PENNINISCHEN ALPEN

Wenn der Juni heiß auf den langen gelben Straßen von Turin lastet, gibt es nichts Angenehmeres, als den Zug ins Bielleser Land zu nehmen, wo die letzten Abhänge der Penninischen Alpen in der Ebene des Piemont auslaufen.

Die Eisenbahnlinie führt zunächst durch das Tiefland mit seinen Bauernhäusern aus roten Ziegelsteinen und den Obstgärten voller Maulbeerbäume und steigt dann allmählich auf zu raschelndem grünen Blattwerk. Gebirgsbäche fließen durch erlenbewachsene Ufer ins Tal, weiße Rinder dösen unter Akazienhecken, und in den Wiesen voll Mandel- und Kirschbäumen hängt der Wein seine virgilischen Girlanden von einem blühenden Baum zum nächsten. Diese pastorale Idylle rollt westlich in immer neuen grünen Wellen bis zu den Grajischen Alpen, aber im Norden bricht sie abrupt ab vor der Höhe, gegen die sich die Terrassenstufen von Biella abzeichnen.

Die Felsen des Bielleser Landes waren schon immer beliebte Schlupfwinkel für alte Legenden, und auf nahezu jedem Bergvorsprung erzählt eine Kirche oder ein Kloster die Geschichte einer wunderwirkenden Reliquie. Biella, die Hauptstadt dieser gottesfürchtigen Region, bedeckt einen kleinen kegelförmigen Hügel und seine Vororte verteilen sich über die angrenzenden Höhen. Seine heißen belebten Straßen vibrieren von der schrillen Geschäftigkeit eines italienischen Kurortes, aber der Reisende, der von der anderen Seite der Alpen kommt, wird

Der Wallfahrtsort Oropa im Bielleser Land

wahrscheinlich gleich weiterfahren wollen nach Andorno, einem Dörfchen, das noch eine Stunde Fahrt
weiter in die Hügel hinein liegt.

Biella überblickt eine Ebene, aber Andorno liegt in
einem Tal, das sich bald zu einer Schlucht zwischen rich-
tigen Bergen verengt. Der Weg von Biella dorthin folgt
dem Cervo, einem kalten Bergfluß, und führt durch Dörfer, die auf parkartigen Hängen im üppigen Schatten
von Kastanienhainen liegen. Die Häuser in diesen Dörfern haben wenig von dem Malerischen, das man fälsch-
licherweise mit ländlicher italienischer Architektur verbindet, aber in jedem Fenster steht ein Topf mit Lavendel
oder Nelken, und die überwölbten Tore erlauben Einblicke in Gärten mit blauen Schattenflecken von Wein-
pergolen.

Andorno selbst ist in Hügel eingehüllt, vollendet,
schattig und kühl von den Liedern der Vögel. Waldes-
stille umgibt den Ort, und die Luft, die man atmet,
scheint über viele Meilen von Wäldern zu kommen und
von ungesehenen Strömen frisch gehalten worden zu
sein. Alles ist so still und schläfrig wie der Traum eines
müden Kopfes. Es gibt außer dem Land selbst nichts
zu sehen – akazienumsäumte Ufer, die zum Fluß unterhalb des Dorfes hin abfallen, eine alte achteckige Kapelle mit einem roten Ziegeldach und einer Arkade aus
verkümmerten Säulen, und auf der anderen Seite der
Brücke und der Kapelle üppige Hochlandwiesen, wo die
Bauersfrauen sich den ganzen Tag über im Takt mit dem
Schwung der Sense bücken.

Im Juni scheinen sich auf diesem Hochland (wo in den
schattigen Mulden noch Schneereste liegen) die Wild-

blumen des Frühlings und des Sommers zu treffen: Narzisse und Vergißmeinnicht blühen noch im Gras, während der gelbe Ginster – Leopardis *Liebhaber trauriger Einsamkeiten* – die trockenen Flußufer mit Gold bedeckt und weiter oben in den Falten der Hügel Fleckchen von karmesinroten Azaleen schüchtern ihren zarten Duft mit dem schweren Aroma der Akazien vermischen. Auf den Wiesen stehen Bäume in wohlproportionierten majestätischen Gruppen, Walnußbäume, Kastanien und Birken; ihr Schatten bedeckt das Gras wie ein Zelt. Der Efeu hängt seine Girlanden über Gartenmauern und Terrassen, und die Flüsse stürzen unter einem vibrierenden Baldachin von Goldregen ins Tal. Die Landschaft dieser hochgelegenen penninischen Alpentäler zeichnet sich überall durch dieselben edlen Farben und Formen aus, durch dieselbe Atmosphäre von Weite und Poesie. Sie entspricht der reichen, wohldurchdachten Landschaft der Idyllen Bonifazios, ist Ausdruck von Frieden und Fülle, nicht der starkfarbigen Opulenz des Südens, sondern eines gesetzten Reichtums, der aus einem glazialen Füllhorn stammt. Hier findet man nichts von der schweizerischen Abruptheit, nichts von der schweizerischen Häufung vieler effektvoller Momente. Das Südliche dieser Landschaft wirkt mildernd und großzügig. Hier jagen sich die Eindrücke nicht, man wird vielmehr ganz unwillentlich von einem Gefühl der Harmonie und der Vollendung erfaßt.

Der nächstliegende Ausflug von Andorno aus ist der zu dem berühmten Heiligtum von San Giovanni, einer »Sehenswürdigkeit«, die acht Seiten in dem hervorragenden »Guida del Biellese« einnimmt, aber dem Reisenden vor allem als Zielpunkt einer zauberhaften Wanderung oder Fahrt in Erinnerung bleibt. Die Straße dorthin windet sich das Val d'Andorno hinauf zwischen Höhen, an denen Dörfchen inmitten von Birkenhainen wie in der Luft zu schweben scheinen oder ihre Gartenbrüstungen bis über den gischtigen, tosenden Cervo vorschieben. Die dichtbewaldeten Felsen tragen Narben von den Steinbrüchen, die Sienaerde abbauen, und der Fluß sucht sich, da wo das Tal enger wird, seinen Weg über Felsmassen und zwischen steil abfallenden steinigen Ufern; aber die kleinen Gärten, die von seinem Schaum besprengt werden, quellen über von Iris, Rosen und Päonien, werden von Buchsbaumhecken umsäumt und von den langen, blau-violetten Rispen der Glyzinien überschattet.

Schließlich verläßt die Straße das Tal und steigt die in Birkenlaub gehüllte Flanke des Berges hinauf, auf dem hoch oben die Kirche San Giovanni liegt. Die kühle Luft und die Stille dieses bewaldeten Hügels sind überaus wohltuend nach dem Lärm und dem Sonnenschein auf der offenen Straße, und man ist angenehm überrascht von der eher städtischen Liebenswürdigkeit, die an diesem abgelegenen, einsamen Ort in regelmäßigen Abständen Bänke unter die Bäume gestellt hat. Nach einiger Zeit erreicht man den Abhang des Hügels. Die Birken bleiben zurück vor einer grasbewachsenen, von der langgestreckten Fassade des Klosters eingefaßten Ebene, und von dem Vorsprung, auf dem diese offene Fläche liegt, wandert der Blick ungehindert die lange belaubte Strecke des Val d'Andorno entlang.

Das Besondere an dem Bild, das man nun vor Augen hat, sind die so überaus zarten Abstufungen in den Farben und Linien: Birken vermischen sich mit Walnußbäumen und diese wieder mit dem vibrierenden Goldregendickicht, das sich den Fluß entlangzieht; die Rundungen der Hügel gehen ineinander über, bis sie sich in den luftigen Fernen der Ebene verlieren. Das Gebäude, das diesen Ausblick bietet, ist seine Lage eigentlich nicht wert, es sei denn, der Reisende nimmt die nüchternen Linien als ein Eingeständnis hin, daß die Kunst der Natur in dieser Beziehung einfach unterlegen ist. Für den überzeugten Verteidiger alles Italienischen liegt allerdings ein gewisser Charme darin, ein so unbedeutendes Stückchen Architektur an einem so besonderen Ort zu finden: als ob in einem Land, das so reich ausgestattet ist, kein architektonischer Höhepunkt nötig wäre, um die Aufmerksamkeit auf einen besonderen Aussichtspunkt zu lenken. Und doch kann man nicht umhin anzunehmen, daß die Vorliebe für diesen Ausblick die Schritte der Klostergründer geleitet haben muß, als sie die romantische Landschaft mit Bildern bestückten, die Wunder wirken. Wann hätte je ein Wunder auf einer unfruchtbaren Ebene oder in einer eng umgrenzten Vertiefung stattgefunden? Die Manifestationen göttlicher Gnade suchten immer die Höhe, und diejenigen, die sich dem Angedenken solcher heiliger Ereignisse widmeten, taten dies in einer Umgebung, die poetisch genug war, ihren Glauben an das Übernatürliche zu rechtfertigen.

Die Kirche mit ihrer würdevollen Vorderseite und ihrem reliefverzierten Portal schließt an das Hospiz an und enthält wenig Interessantes außer der Steingrotte, in der das von den Christen verehrte Bildnis des heiligen Johannes zu finden ist, das im dritten Jahrhundert vom heiligen Eusebius, dem Bischof von Vercelli, entdeckt wurde. Ein Eisengitter schützt diese Grotte, und aus ihren Tiefen schimmern Silberherzen und andere Votivgaben. Sie ist noch immer ein beliebtes Wallfahrtsziel, aber es gibt wohl einige Zweifel, welcher heilige Johannes sie denn nun als Ort seiner posthumen Wundertätigkeit gewählt hat, denn dem lokalen Führer nach wird die Grotte ebenso häufig zum Fest Johannes des Täufers wie zu dem des Evangelisten besucht. Diese Unsicherheit ist nicht ohne praktische Vorteile, man liest weiter, daß das Hospiz das ganze Jahr über geöffnet ist, und daß man jederzeit in der *trattoria* über dem Bogengang ein hervorragendes Essen bekommt, während an den Festtagen des jeweiligen Heiligen den Pilgern empfohlen wird, Unterbringung und Verpflegung im voraus anzumelden.

Wenn San Giovanni vor allem bei Naturliebhabern Anklang findet, so ist die berühmtere Wallfahrtsstätte Oropa für den Architekturinteressierten besonders reizvoll, denn dorthin sendete im achtzehnten Jahrhundert die Frömmigkeit des Hauses Savoyen Juvara, einen der größten Architekten seiner Zeit, um eine großartige Fassade und einen Portikus vor die Gruppe monastischer Gebäude zu setzen, die hundert Jahre vorher von Negro di Pralungo errichtet worden waren.

Der Aufstieg zu dem prächtigen Bergheiligtum der Schwarzen Jungfrau führt den Reisenden zurück nach Biella und dann die Hügel hinter der Stadt hinauf. Die Fahrt ist lang, aber so abwechslungsreich und so wunderschön, daß man, wenn sie sich dem Ende zuneigt, das Gefühl hat, man brauche jetzt auch ein beeindruckendes architektonisches Erlebnis, um die so wundervoll geordnete Fahrt würdig abzuschließen. Wenn die Straße sich über die Weinberge von Biella erhebt, wenn die Dächer der Häuser, die Kirchtürme und die letzten Villen vor der Stadt unterhalb der Sichtgrenze zurückbleiben, dann wird das Auge von der ungeheuren welligen Weite der Piemonteser Ebene überrascht. Von der unmittelbaren Nähe aus dem üppigen Grün einer Kulturlandschaft – den Obstwiesen, den Gärten und den Hainen des minuziös gezeichneten Vordergrundes – bis zu der äußersten Grenze, wo die Erde und der Himmel silbrig zusammenlaufen, gleitet die Landschaft durch jede Nuance sonnenbeschienener und wolkendurchwanderter Schönheit. Zuerst offenbart das Val d'Andorno seine bewaldeten Tiefen, dann drängt die Ferne näher heran, grün-blau und mit Waldstückchen gesprenkelt, wobei die Städte Biella, Novara und Vercelli wie weiße Flotten wirken, die auf einer dunstverhangenen See vor Anker liegen. Dieser Ausblick mit den immer neuen Falten von Waldland, die schwärzlich im Vordergrund schimmern und dann in dunkles Blau übergehen, das von gelbbraunen Sonnenflecken und purpurnen Regenstreifen durchsetzt ist, bis alles in dem unbestimmbaren Licht des Horizonts verschwimmt, läßt an eine der heroischen Landschaften Poussins denken oder an die grenzenlosen blaugrünen Fernen von Rubens' »Herbstlandschaft mit Schloß Steen«.

Währenddessen verändert sich der Vordergrund ständig. Die Luft wird kühler, die Dörfer mit ihren Blumengärten und den Schutzbildern der Schwarzen Jungfrau bleiben zurück, und zwischen den Birken, die kaum Blätter tragen, erheben sich nackte Hänge mit Geröll; die

Oriomosso in den Penninischen Alpen

Hügel im Hintergrund sind dann völlig baumlos. Das Loreto des Piemont liegt fast viertausend Fuß über dem Meeresspiegel, und sogar im Juni liegt eine Ahnung von Schnee in der Luft. Für einen Moment meint man, man wäre in der Schweiz, aber da, an der Wegkehre, steht eine weiße Kapelle mit einem klassischen Portal, in der eine Gruppe von Terrakotta-Skulpturen eine Episode der Passionsgeschichte in Szene setzt. Italien hat sich wieder behauptet, die Kunst hat die Landschaft wieder humanisiert. Es sind noch weitere Kapellen unter den Bäumen verteilt, aber man beachtet sie nicht weiter, während die Kutsche auf einen weiten grasbewachsenen Vorplatz einschwenkt, der von Steinpyramiden begrenzt und dessen Rückseite von dem großartigen Säulengang des Hospizes beherrscht wird. Eine *rampe douce* mit feingearbeiteten Gittertoren führt zu dem äußeren Hof hin, der von den Gebäudeflügeln mit den Arkaden eingeschlossen wird. Unter diesen Arkaden sind Geschäfte zu finden, in denen der Pilger so mancherlei Bedürfnisse befriedigen kann; das Angebot reicht von Lebensmitteln, Wein und Baumwollregenschirmen (die man in diesen regenreichen Hügeln häufig braucht) bis zu Rosenkränzen, Bildern der Schwarzen Jungfrau und frommen Geschichten über die Wunder, die sie bewirkt hat. Über den Arkaden wohnen die Pilger, und in der Mitte der inneren Fassade enfaltet Juvaras marmorner Portikus seine doppelte Treppenflucht.

Wenn man durch dieses Tor geht, steht man in einem geräumigen, viereckigen Innenhof. Dieser wird wiederum von niedrigen Gebäuden auf Arkaden eingeschlossen, deren gleichmäßige Linie nur von der bescheidenen

Fassade der Kirche unterbrochen wird. Draußen hört man die profane Geschäftigkeit des Lebens, das Klappern der Gläser an den Türen der rivalisierenden Trattorien, knallende Peitschenschläge, das Hin und Her des Kaufens und Verkaufens, aber in dem Innenhof hält sich eine warme Stille. Nur ein paar alte Bauersfrauen humpeln, den Rosenkranz in der Hand, über die sonnengebackenen Fliesen, um dann in der Kühle der Kirche Zuflucht zu nehmen. In der Kirche herrscht allerdings Grabeskälte, diese unterirdisch eisige Temperatur, die typisch ist für religiöse Gebäude. Das Innere ist kleiner und einfacher als erwartet, aber nach einiger Zeit erkennt man, daß es mit einer Dekoration ausgestattet ist, neben der die kostbarsten Wandteppiche oder Fresken in völliger Bedeutungslosigkeit versinken würden. Die Wandverkleidung besteht aus unzähligen Votivgaben, die sich vom Fußboden bis zum Gewölbe gegenseitig den Platz streitig machen und die Kapellen mit dem Glanz von Silber und Flitterwerk erhellen, mit dem Gelb alter Wachsarme und -beine und dem matten Schimmer trüb gewordener Bilderrahmen: jede überlappende Schuppe dieses Mantels steht für eine Regung von Verlangen, Trauer oder Dankbarkeit, so daß die Kirche im Grunde genommen mit menschlichen Herzschlägen ausgekleidet ist. Die meisten dieser Gaben sind Geschenke des armen Bergvolkes, und die Bilder erzählen mit kunstlosem Realismus von der wunderbaren Rettung, die Fuhrleuten, Steinbrucharbeitern und Steinmetzen widerfahren ist. Im Chorumgang hängen jedoch ein paar Porträts vornehmer Spender in Halskrausen und spanischen Wämsern, und ein Bild, das in kruder Manier auf die bloße Wand gemalt ist, gibt rührend getreu das Innere eines Bauernhauses aus dem sechzehnten oder siebzehnten Jahrhundert wieder; die Mutter kniet bei der Wiege ihres Kindes, über der die Schwarze Jungfrau ihr schützendes Licht aussendet.

Die ebenhölzerne Jungfrau selbst (ein weiterer »Fund« des unermüdlichen heiligen Eusebius) thront hinter dem Hochaltar in einer winzigen Kapelle, die von ihrem Entdecker erbaut worden ist, wo im Lichtschein unzähliger Altarlichter das Wunderbild mit einem Heiligenschein aus Juwelen und Gold sein blendendes Licht auf die Gruppen wirft, die eine nach der anderen vor dem Eisengitter vorbeiziehen. Die weihrauchschwere Luft und die schwitzenden Steinwände mit ihrer Verkleidung aus Votivgaben erinnern gleich an die Kapelle von Loreto, aber hier steigern der kleinere Raum und die größere Dunkelheit noch das Gefühl von Heiligkeit und Feierlichkeit, und wenn ein paar Nonnen mit weißen Schleiern sich vor der Vergitterung versammeln, während vor dem Altar ein junger Priester mit klarer Stimme das geheimnisvolle

> *Mater purissima,*
> *Mater admirabile,*
> *Mater prudentissima*

intoniert, unterbrochen von dem klagenden *Ora pro nobis!* der Nonnen, kann man sich kaum eine Szene vorstellen, die diese in ihrer Mischung aus Lieblichkeit und Ehrfurcht, mit der die Kirche ihre unvergleichlichen Effekte erzielt, übertreffen könnte.

Nach einem so vielschichtigen Eindruck empfindet man die Augenfreuden als ein wenig dünn, und doch sind die schattigen Pfade, die sich durch die Ansammlung von Kapellen über dem Kloster winden, sehr reizvoll. Es gibt in der Natur nichts, was schöner wäre als ein Birkenwald, durch den viele kleine Bächlein fließen, und in einer solchen Umgebung auf ein anmutiges *tempietto* nach dem anderen zu stoßen, und unter deren halbheidnischen Vorbauten Grüppchen von Bauersleuten zu entdecken, die vor einer undeutlichen Darstellung der Passionsgeschichte beten, läßt einen immer aufs neue gewahr werden, wie sich in Italien die Natur, die Kunst und die Religion darin verbinden, auch das bescheidenste Leben zu bereichern. Diese Heiligen Berge, oder Kreuzwege, sind überall auf den Hängen der italienischen Alpen verteilt. Der berühmteste ist der von Varallo, und wenn man Kunst von Bedeutung sucht, muß man dorthin gehen oder nach San Vivaldo in der Toskana, oder auch zu dem unbekannten Bergdörfchen Cerveno im Val Camonica. In Oropa sind die Kreuzwegsgruppen relativ grob gearbeitet und recht uninteressant, aber das geheimnisvolle Halblicht, in dem sie sich dem Betrachter darbieten, und das leise Gemurmel von Blättern und Wasser, das sie umgibt, verleiht ihnen einen Wert ganz unabhängig von ihrer Qualität als Skulpturen.

Varallo selbst liegt nur eine Tagesreise von Andorno entfernt, und bei Juniwetter ist die Fahrt dorthin sehr schön. Die enge Landstraße steigt durch Kastanienhaine bergan, die genauso prachtvoll ihren samtigen Schatten spenden wie die, die dies über Meilen hin um Promontogno im Bergell tun. Zuerst senkt sich der Weg immer wieder einmal zu einer grünen Schlucht hinunter, aber bei Mosso Santa Maria, dem höchsten Punkt des Anstiegs, erobert ganz plötzlich die herrliche Ebene wieder das Blickfeld, mit weißen Straßen, die sich zu weit entfernten Städten hin winden, während die vollständig in Wald eingehüllten Flanken der Hügel ganz nah erscheinen. Das Val Sesia ist breiter als das Val d'Andorno und dementsprechend weniger malerisch, aber seine ganze Weite voller Weizen und Wein, hier und dort Schattenfleckchen und in der Höhe Anhäufungen von moosigen Felsen, das alles bietet einen friedlichen Kontrast zu der Landschaft der höhergelegenen Täler. Kurz vor Varallo schieben sich die Hügel wieder näher heran, und die Landschaft nimmt wieder Voralpencharakter an. Den ersten unvergeßlichen Blick auf die Stadt hat man ganz plötzlich nach einer Straßenbiegung; das Wallfahrtskloster erhebt sich hoch über dem Fluß und die Dächer mit den roten Ziegeln und den Kirchtürmen drängen sich zu seinen Füßen. Wenn man näher herankommt, verflüchtigt sich der Zauber, denn wenige Städte haben schlimmer unter dem Messer der »modernen Verbesserungen« gelitten als Varallo, und wer es nicht aus früheren Tagen kennt, würde kaum erraten, daß es einmal die malerischste Stadt Norditaliens gewesen ist. Staubige Vororte mit breiten, alleeartigen Straßen, dünn besiedelt mit billigen kleinen Villen führen jetzt vom Bahnhof an den Rand der Altstadt; den schönen Hang, der dem Heiligen Berg gegenüber liegt, hat man seiner natürlichen Bewachsung beraubt und mit kränklichen Palmen und Kamelien bepflanzt, um dem riesigen stuckverzierten Hotel einen »Kurpark« zu geben, dabei steht ohnehin das Wort »Pleite« schon auf jeden Zentimeter seiner protzigen Fassade geschrieben.

Man weiß nicht recht, ob man die Beeinträchtigung einer so seltenen Vollkommenheit beklagen oder seinen Trost in der Tatsache suchen soll, daß Varallo zu reich ist, als daß es durch seine Verluste ruiniert werden könnte. Vor zehn oder fünfzehn Jahren war es noch überall voller Zauber, jetzt muß man sich seine Blickwinkel suchen, aber ein oder zwei sind noch intakt. Wenn man zum Beispiel dem gräßlichen Hotel den Rücken kehrt, sieht man an einem Sommermorgen noch immer ein wunderbares Bild aus Wald und Wasser und aufs glücklichste darin einbezogener Architektur: die Sesia mit ihren sanften Wiesen und ihren Ufern voller Blattwerk, die Häuser, die sich über ihr an den Hang schmiegen, und der höchste Felsen, der von den Kreuzwegkapellen gekrönt wird. Bei Nacht verschmilzt alles zu noch göttlicherer Schönheit. Die gedrängte Dunkelheit der Stadt, deren Lichter funkeln, liegt in die Hügel gebettet, die sich zart vor einem Himmel abzeichnen, der im Mondlicht bläulich-violett erscheint. Hier und dort gibt das Mondlicht einer dunklen Baumgruppe den Charakter von glattpoliertem Metall oder läßt einen Campanile hervortreten, blaß und klar umrissen wie aus Elfenbein, während hoch oben auf dem obersten Felsengipfel sich die weißen Kuppeln und Bögen der Wallfahrtskapellen mit fast griechischer Reinheit der Konturen gegen den Himmel abheben.

Das Stadtzentrum ist auch noch völlig unverdorben. Hier kann man durch kühle enge Straßen mit Geschäften schlendern, die Devotionalien und die großen Opferkerzen anbieten, auf denen sich Blumenkränze und die *Mandorla* der heiligen Maria finden. Diese Straßen sind sonntags gestopft voll mit Bauersfrauen aus den Nachbartälern in ihren verschiedenen Trachten: einige mit Beinkleidern aus Tuch und kurzen dunkelblauen, weit abstehenden Tuchröckchen, die mit bunten Farben bestickt sind, andere in Faltenröcken aus schwarzer Seide, mit bestickten Jacken, Silberketten und ausladendem Kopfputz; fast jede Stadt hat ihre eigene Tracht, und ein glücklicher Zufall scheint zumindest die Alpenhänge vor der deprimierenden Uniformität moderner Moden bewahrt zu haben. An architektonischen Höhepunkten ist die Stadt wenig reicher als ihre Nachbarstädte, aber sie hat diesen unbeschreiblichen »Ton«, bei dem die weiche Textur alter Stuckverzierungen und der Schmelz wettergegerbten Marmors sich mit Hunderten von gelungenen Schatten- oder Sonneneffekten vereinen, um zu dem zu werden, was man die *Patina* Italiens nennen könnte. Es gibt zwar eine bemerkenswerte Kirche mit einer doppelten Treppenflucht, die zu ihrem Portal führt, doch sie erscheint (obwohl sie einen sehr schönen Gaudenzio hat) eher als eine Episode in der allgemeinen malerischen Umgebung, und die einzige Kirche, die der Tourist nicht unbesucht lassen darf, ist Santa Maria delle Grazie, in der sich die Fresken des Künstlers zur Passionsgeschichte befinden.

In diesen gedrängten Kompositionen liegt viel Schönheit des Details, aber für den Nichtexperten lebt Gaudenzio Ferrari vor allem als der Maler des Engelkonzerts von Saronno; seine Größe ist dort so überwältigend, daß er anderswo relativ unbedeutend wirkt. In Varallo zumindest verbindet man seinen Namen zuallererst mit dem Heiligen Berg. Diesem Denkmal seines Heimattales widmete er einen Teil seines bemerkenswertesten Werkes, und es scheint nur richtig, daß man sich, wenn man von den Fresken Santa Marias kommt, genau am Fuß des Pfades befindet, der zur Wallfahrtsstätte hinaufführt. Die breite Auffahrt, gepflastert mit winzigen runden Kieseln, die die Füße von Tausenden von Pilgern glattpoliert haben, führt um die eine Seite eines Felsens herum zu einem parkartigen Bezirk auf dem Gipfel. Hier auf dem Felsvorsprung, der die Stadt überblickt, steht die Kirche, die vom heiligen Borromäus erbaut wurde (jetzt wird sie von einer modernen Fassade verunstaltet), und um sie herum gruppieren sich die zweiundvierzig Kapellen des »Neuen Jerusalem«. Diese kleinen Gebäude, zu denen man über moosige, sich windende Pfade zwischen Bäumen hinauf- oder hinabsteigt, führen uns jede erdenkliche Spielart pseudoklassischer Kunst vor Augen. Einige, die auf unterschiedlicher Höhe liegen, sind durch offene Kollonaden und lange Treppenfluchten verbunden, einige haben luftige Loggien über Gärten, in denen Büschel von blaßroten Rosen und lila Iris stehen, während andere sich in den tiefen Schatten von Birken zurückziehen. In jeder Kapelle findet sich eine Terrakotta-Gruppe, die eine Szene aus dem Leben Jesu darstellt, und die Lage und die Architektur eines jeden Gebäudes sind mit einem feinen Sinn für das dramatisch Angemessene gewählt worden. So stehen die Kapellen, die die früheren Episoden enthalten – die Verkündigung, die Geburt Jesu und die Geschehnisse vor dem Abendmahl – auf relativ offenen Plätzen und haben kleine Blumenbeete vor ihren Türschwellen, während der Pilger, wenn das Drama sich verdunkelt, in tiefe schattige Höhlen hinabsteigen muß oder sein Weg sich über eisige Steinkorridore oder endlose Treppen hinauf- und hinabwindet, um schließlich durch einen unterirdischen Gang zum Bildnis des begrabenen Christus zu führen.

Es ist schwierig, von den Gruppen selbst sachlich zu sprechen, denn sie sind so sehr Teil ihrer Umgebung, daß sie sich kaum nach konventionellen Kriterien beurteilen lassen. Das zu tun, hieße auch im Grunde genommen, ihre Bedeutung gar nicht zu verstehen. Sie sollten als Widerspiegelung der biblischen Geschichte in den Herzen einfacher und gefühlvoller Bauersleute betrachtet werden, denn es war die Frömmigkeit der Menschen, die in diesen Bergen wohnten, die sie ins Leben gerufen hat, und auch die Modellierer und Maler, die zu dem Werk beigetragen haben, stammten zum großen Teil aus dem Val Sesia und den Nachbartälern. Die Kunst des Tonmodellierens ist hervorragend dazu geeignet, starke und direkte Emotionen wiederzugeben. So viel Lebendigkeit des Ausdrucks erlaubt ihre Erzeugung, daß man sie fast als Zwischending zwischen Pantomime und Skulptur verstehen kann. Die Gruppen in Varallo weisen natürlich auch die Mängel auf, die mit einer solchen Improvisation einhergehen: die Unfertigkeit, das Gewaltsame, manchmal sogar die scheinbaren Absurditäten eines spontan aufgenommenen Photos. Diese Fehler werden durch ihre Einfachheit und ihren Realismus ausgeglichen, die gar keine Zeit hatten, sich zu Konventionalität zu verhärten. Die heilige Maria und die heilige Elisabeth sind kräftig gebaute Bauersfrauen mit niedriger Stirn, die rundwangigen, ausgelassen tollenden Kinder, die Zwerge und die Buckligen, die römischen Soldaten und die jüdischen Priester, sie alle sind lebendig vom Marktplatz von Borgo

Sesia und Arona hierhergebracht worden. Diese ausdrucksstarken Figuren, die echte Kleider tragen und denen echtes Haar über die Schultern fließt, könnten Schauspieler in einem mittelalterlichen Mysterienspiel sein, das gerade auf seinem Höhepunkt angehalten wurde.

Eine nähere Betrachtung bringt deutliche Unterschiede in der Qualität der verschiedenen Gruppen ans Licht. Die von Tabacchetti und Fermo Stella sind die besten, wenn man einmal von der wunderbaren Kreuzigungsszene absieht, die Gaudenzio zugeschrieben wird und wahrscheinlich nach seinen Entwürfen ausgeführt worden ist. Tabacchetti ist der Künstler, der Adam und Eva umgeben von der überirdischen Flora und Fauna des Garten Edens geschaffen hat: eine ungewöhnliche Komposition mit einer goldhaarigen Eva von gezierter Eleganz und Vornehmheit. Von Stella stammen einige der einfachsten und bewegendsten Szenen der Bilderfolge: die Anbetung der drei Weisen aus dem Morgenland, die Botschaft des Engels an Josef und Christus mit der Frau aus Samaria. Besonders zauberhaft ist die Verkündigung, bei der sich ein blondperückter Engel in einer Art himmlischem Morgenrock aus geblümtem Brokat, die Lilie in der Hand, einer anmutig überraschten Maria nähert, die (wie gesagt) die Tracht einer frommen Dame aus Varallo trägt. In einer anderen Szene schaut die Muttergottes, gekleidet wie eine Bauersfrau aus dem Val Sesia, lächelnd von dem gestickten Kissenbezug auf, an dem sie gerade arbeitet. Und beim Abendmahl – wahrscheinlich von den älteren Gruppen aus Holz übriggeblieben, die schon bestanden, bevor Gaudenzio und seine Schüler ihre Arbeit aufnahmen – wurde sogar eine mit Spitze eingefaßte Tischdecke aus Leinen verwendet, auf der Brot und Früchte in echtem Keramikgeschirr aus Faenza stehen.

Nach diesen häuslich schlichten Details erscheinen die Passionsszenen, in denen der Einfluß Gaudenzios wahrscheinlich überwog, ein klein wenig akademisch, aber sogar hier finden sich lokale Anklänge, so wie der Hund mit dem lockig weißen Fell zu Füßen von Herodes' Thron, die Lumpen der Bettler oder das Kind, das in der Kreuzigungsszene einen gefleckten Hund an der Leine hält.

Die Kreuzigung ist natürlich der Höhepunkt der Folge von Darstellungen. Hier faßte Gaudenzio den Hintergrund mit einem seiner größten Fresken ein, und die Figuren, die davorstehen, sind in ihrem Ausdruck und in ihrer Haltung gelungen genug, den Entwurf des Meisters auszuführen. Der mit einem goldenen Schild bewaffnete römische Reiter auf seinem weißen Chargenpferd, die begierig glotzende Menge, in der Bettler und Krüppel feine Damen mit Turban und deren Zwerge anrempeln, in der Frauen aus der Lombardei, mit dem typischen ovalen Gesicht, ihre Kinder an der Brust haltend nach vorn drängen, um einen kurzen Blick auf den sterbenden Christus zu erhaschen, während die häßlich bösen Soldaten zu Füßen des Kreuzes das Los über seine ungenähten Kleider werfen – all diese sich drängenden, unbekümmerten Gestalten bringen mit merkwürdiger Intensität die Todesnot, die sich in ihrer Mitte erhebt, zur Geltung. Die Seite des unbeeindruckten und vollkommen reulosen Volkes in dieser Geschichte ist vielleicht nirgendwo sonst mit so tragischer Direktheit dargestellt worden. Man kann sich gut vorstellen, wie der Reiter in der goldenen Rüstung Jahre später die nachdenklichen Worte aus Anatole France' Novelle *Le Procurateur de Judée* nachspricht: »Jésus? Jésus de Nazareth? Je ne me rappelle pas.«

Von Varallo aus kann der glückliche Reisende seine Eindrücke unbeschadet durch die Kastanienwälder und über die Hügel bis zum Ortasee mitnehmen – einer kleinen Wasserfläche, die von reicher grüner Vegetation umsäumt wird und deren Herzstück die bewaldete Insel San Giuliano ist. Orta hat seinen eigenen geheimen Charme: eine Atmosphäre der Einsamkeit und Abgeschiedenheit, die jedem Reisenden, der es zufällig entdeckt, das Gefühl vermittelt, es gehöre ihm ganz allein. Auch hier gibt es einen Kreuzweg, er bedeckt die übliche Hügelkuppe über der Stadt. Die Gruppen haben keinen großen künstlerischen Wert, aber es liegt ein feierlicher Zauber in den stillen Lichtungen, auf denen die kleinen Altäre mit ihren weißen Säulen stehen; auf Graspfaden geht man unter den immerfort sich wölbenden Zweigen von einem zum anderen. Der wichtigste »Anziehungspunkt« von Orta ist jedoch seine unglaublich vollkommene kleine Insel, in deren Mitte eine uralte Kirche in Gärten versteckt liegt, und sogar diese Kirche gibt nur ein Detail in der ganzen Komposition ab, einen letzten Federstrich in der verschwenderischen malerischen Perfektion dieses Ortes. Der See selbst wird von weinlaubbekränzten Hängen umgeben, und in jede Richtung führen Straßen und Reitwege über die bewaldeten Hügel, durch Lichtungen, die im Frühling wie mit einem gelbweißen Tuch aus Primeln und Maiglöckchen bedeckt wirken, bis in das tiefere Waldesinnere der Hochalpen.

In jedem anderen Land würde der Abschied von so vollkommener Schönheit zu einem enttäuschenden Umschwung führen, aber die verschwenderische Fülle der italienischen Landschaft kennt keine Grenzen, und der Wanderer, der sich von Orta aus ostwärts wendet, kann durch Szenen unverminderter Schönheit streifen, bis die Hügel, wenn die Sonne untergeht, sich öffnen, um den Blick auf den Lago Maggiore freizugeben; auf seinen Wassern scheint die Isola Bella wie ein phantastischer Vergnügungsdampfer vertäut zu sein.

WAS DIE EREMITEN SAHEN

In beinah jeder Gemäldegalerie Italiens hängt unter den Bildern der Frühzeit eines, das mit liebevoller Genauigkeit im topographischen Detail einen Berghang darstellt, der von vielen Höhlen durchzogen ist und von Eremiten bewohnt wird.

In der Regel ist die Landschaft so ausführlich gemalt, daß sie die ganze Einsiedelei enthält: da gibt es den Fluß am Fuß des Felsens, die *selva oscura*, »die wild-gratigen Berge Abhang für Abhang befiedernd« (John Keats, *Ode to Psyche*), und da gibt es auch die verschiedenen kleinen Gebäude, Hütten, Kapellen und Brücken, mit denen die Klausner ihre wilde Umgebung menschlicher gemacht haben. Diese Darstellung des Lebens der Einsiedler blieb ein Lieblingsthema der italienischen Kunst, und sogar in der Zeit des Rokoko, als die Frömmigkeit zu einer Salonangelegenheit geworden war, waren noch Erinnerungen an den Charme dieses »Lebens fern von allem« vorhanden, zum Beispiel in den verspielten Eremitagen, die im Park eines jeden Edelmannes zu finden waren, oder in Fresken, wie sie den Eingang zur Kapelle der Villa Chigi in der Nähe von Rom zieren; es ist dies nur ein winziger Raum, der wie eine felsige Schlucht in den Bergen bemalt ist, mit Einsiedlern, die sich gegenseitig in ihren Höhlen besuchen oder mit den Obliegenheiten ihres Lebens im Walde beschäftigt sind.

Ein riesiges Corpus an Literatur – und zwar einer Literatur, die dem Volk in besonderem Maße zugänglich war – hat in den katholischen Ländern das Bild der ersten Einsiedler lebendig erhalten. Die *legenda aurea*, die große Sammlung der Bollandisten, und viele andere Sammlungen frommer Geschichten enthalten in einfacher, ja geradezu kindlicher Form die Namen und Taten der Wüstenheiligen. In der geistigen Überlieferung der romanischen Völker lebt noch immer eine unbewußte dunkle Erinnerung fort an die Tage einer fernen Zeit, als alles, was gütig, barmherzig und dem Menschen zugetan war, in die Wüste floh, um der Trostlosigkeit des Landlebens und der Verworfenheit der Städte zu entkommen. Vor Krieg, Sklaverei und Hungersnöten, vor dem Hader der Parteien, vor den unglaublichen Lastern und Niederträchtigkeiten des zivilisierten Lebens floh der desillusionierte Christ, entsetzt über die Verderbtheit der bekehrten Welt, die schlimmer als jede heidnische war, in die Wüsteneien, um dort sein Leben in Buße zu Ende zu bringen. Die Schrecken, die er hinter sich ließ, übertrafen alles, was die Wüste enthalten konnte, sogar die Geister, die bei Nacht umgingen, die Zungen, die aus dem Nichts kamen und menschliche Namen stammelten, die Lemuren, die Sukkuben und die gemalten Dämonen der Gräber. Und dennoch war das Leben der frühen Einsiedler, die in der hitzebrennenden Einsamkeit Ägyptens und Kleinasiens Zuflucht suchten, voller Ängste und Qualen. In ihrer Geschichte hallen die Seufzer und Klagen von Seelen in Not wider, und wenn Künstler ihrer eigenen Zeit das Leben dieser Menschen beschrieben hätten, so hätte die Darstellung an die so entsetzlich detaillierten Studien endloser Qual erinnert, die den Kirchenbesucher des Mittelalters von den Wänden einer jeden Kirche zur Umkehr gemahnten.

Aber als die italienische Kunst begann, die Geschichte der Einsiedlerväter in der Wüste zu beschreiben, war mit dem Geist des Christentums bereits eine Änderung vor sich gegangen. Wenn die Welt auch noch immer ein dunkler Ort war, voller Ängste und voller Sünde, so hatte doch das einsame Gespräch mit Gott allein aufgehört, eine schreckenerregende Alternative zu sein, und wenn die Menschen in die Wüste gingen, fanden sie dort eher Christus als den Teufel. Das läßt sich zumindest aus dem Geist schließen, der aus den italienischen Bildern spricht, die das Leben der Eremiten illustrieren; sie übertragen die Szenen aus der ausgedörrten afrikanischen Wüste in ihre eigene fruchtbare Landschaft und lassen aus den Einsiedlern den Gedanken menschlicher Gemeinschaft sprechen, mit dem der heilige Franziskus die mittelalterliche Vorstellung vom Christentum bereichert hatte. Die ersten Einsiedler hatten einander gemieden, wie sie das Bildnis alles Bösen mieden, jede menschliche Beziehung war für sie eine Falle des Teufels, und sie hatten sich nur in Augenblicken äußerster geistiger oder körperlicher Not an andere gewandt, dann, wenn das Fleisch oder die Gedanken vor den Halluzinationen der Einsamkeit erzitterten. Aber in den italienischen Bildern bewegen sich die Eremiten in einer Atmosphäre brüderlicher Zuneigung. Wenn sie auch noch immer ein »Leben fern von allem« führen, so hat es doch seine schlimmsten Härten verloren und wird durch Taten freundlicher gegenseitiger Hilfe und unschuldigen kindlichen Kontakt miteinander gemildert. Die Eremiten wohnen noch immer in abgelegenen unzugänglichen Gegenden, und die meiste Zeit verbringen sie ihr Leben ganz allein, aber zu den Kirchenfesten besuchen sie einander, und wenn sie auf Pilgerschaft gehen, so unterbrechen sie ihre Reise an den Schwellen ihrer Brüder.

Und wenn man auch das Gefühl hat, dieser neue Geist habe die Wüste gezähmt und ihr genug vom Ferment menschlichen Umgangs beigesetzt, um die bösen Geister auszutreiben, so kann man sich doch nicht der Faszination entziehen, die von der Fremdheit der Bedingungen ausgeht, unter denen diese freiwillig Exilierten gelebt haben müssen. Die Eremiten brachten im Vergleich zu dem, was sie in der Wildnis fanden, nur wenig aus der Welt der Städte und der Menschen mit sich. Ihre Beziehung zur Erde – ihrer alten, geheimnisvollen Mutter – muß der innigste, wie auch wohl der interessanteste Teil in ihrem Leben gewesen sein; sie erlebten ihr »Zurück zur Natur« mit einer Frische und Intensität, die der moderne Mensch, der nach Urerfahrungen sucht, für sich nie wieder erhoffen kann. Denn in jenen Tagen, als Entfernungen noch mit dem Maß der Pilgersandale oder der Eselshufe gemessen wurden, bedeuteten schon ein paar Meilen das endgültige Exil, und der Berg, der noch von den Mauern der Heimatstadt zu sehen war, bot dem Einsiedler eine genauso vollkommene Abgeschiedenheit wie die Hänge des Libanon. Auch Neuigkeiten reisten in diesem Tempo, wenn sie nicht sogar auf ihrem Weg verlorengingen. Es gab wenig Sicherheit außerhalb der Stadtmauern und kaum Gründe für den Reisenden, den Einsamen auf seiner unzugänglichen Höhe zu besuchen, wenn man einmal von religiösen Motiven absieht.

Der Eremit wurde deswegen auf die Gemeinschaft mit der Wildnis zurückgeworfen, und welchen Gewinn er daraus zog, können wir aus den freundlicheren Legenden vom Leben in der Wüste entnehmen, und aus den Darstellungen der frühen italienischen Künstler. Es wird zum Beispiel viel davon erzählt, wie wunderbar die Einsiedler mit den wilden Tieren umzugehen wußten. Da der Löwe nun einmal als der typische »Einwohner« der libyschen Sandlandschaft angesehen wurde, haben die italienischen Maler ihn in den umbrischen Hügeln angesiedelt, wo er und auch der Wolf und der Hirsch in freundlicher Gemeinschaft zusammen mit dem Einsiedler leben. Denn anstatt vor diesen Herren der Wildnis zu fliehen oder sie zu bekämpfen, war der weise Eremit sogleich zu Verhandlungen mit ihnen bereit – Verhandlungen, die manchmal zu einer lebenslangen Freundschaft führten, die dann dadurch besiegelt wurde, daß das hingebungsvoll liebende Tier sein Leben für den Menschen opferte. Es war natürlich die Macht des Kreuzes, die diese wilden Bestien dazu brachte, sich zu unterwerfen, und es werden viele Beispiele angeführt von dem Einfluß der Einsiedler über die wilden Tiere und die Reue, die das Siegeszeichen in ihnen erweckte. Aber die Eremiten, denen es nicht genügte, ihre geistige Überlegenheit über diese armen seelenlosen Kreaturen zu beweisen (*non sono Cristiani*), schienen diesen Sieg als zu gering zu empfinden, wurden von der Ergebenheit ihrer stummen Freunde für diese eingenommen und ließen sich auf einen brüderlichen Umgang mit ihnen ein, den kein Gesetz der Kirche forderte.

Die symbolträchtige Naturgeschichte der ersten christlichen Jahrhunderte erleichterte den Glauben an diesen freundschaftlichen Umgang zwischen Mensch und Tier.

Wenn man sogar den vertrauten Haustieren merkwürdige symbolische Attribute zuschrieb, so war es ganz natürlich, den Drachen, die Hydra und den Basilisken in der Wildnis anzusiedeln oder zu glauben, die Elefantenjungen entstünden dadurch, daß ihre Mütter von der Alraunwurzel aßen, die auf einem Berg in der Nähe des Paradieses wächst, während die jungen Löwen tot geboren und dann durch den Atem ihrer Eltern wieder erweckt würden; oder daß der alte Adler seinen Nachwuchs dadurch erneuere, daß er dreimal in einen Zauberbrunnen eintauche. Es erstaunte niemanden, daß so wunderbar begabte Kreaturen den Menschen, die in ihr einsames Leben eingedrungen waren, freundschaftlich begegnen sollten, und ihre wilde Natur den Lehren ihrer neuen Herren anpaßten. Und während der Löwe und der Wolf nach und nach zu einfachen, aber weisen Kameraden wurden, gewannen die anderen Einflüsse der Wildnis an Macht über die Einsiedler. Sogar nachdem die ersten Eremiten von der einen oder anderen Klostergründung aufgenommen worden waren, gab es noch Menschen, die auf der Suche nach Heiligkeit das Leben in der Gemeinschaft mieden, und in Italien hatte schließlich jede einsame Höhe ihren Klausner. Es konnte gar nicht anders sein: diese kleinen eingeschränkten Menschenleben, die sich allein in die Wüste wagten, mußten nach und nach von ihr absorbiert und ganz und gar von ihrem Geist durchtränkt werden. Man stelle sich nur einmal vor, was für eine seelenzerschmetternde – oder im Gegenteil vielleicht auch seelenaufbauende – Erfahrung es für den Bewohner enger Stadtmauern oder eines noch engeren Klosters gewesen sein muß, sich allein auf den

Weg zu machen über die gepflügten Felder und die Straße zum Nachbardorf hinaus, weiter als alle menschlichen Behausungen und weit weg vom Gruß freundlicher Stimmen, hinein in die unentdeckten Regionen der Hügel und Wälder, wo wilde Tiere und Räuber und andere Erscheinungen, weniger klar zu bestimmen, aber noch unheilvoller, auf den einsamen Wanderer warteten. Von Räubern gab es nicht viel zu befürchten; die Einsiedler waren arm, und es galt als schwere Sünde, Hand an sie zu legen. Auch die wilden Tiere mochten vielleicht durch christliche Liebenswürdigkeit gewonnen werden, aber was war mit den anderen Erscheinungen, von denen die heimgekehrten Reisenden im Flüsterten beim abendlichen Feuer erzählten?

Zunächst war sicherlich das Gefühl des Schreckens bestimmend, und nur ein Herz, zum Bersten angefüllt mit göttlicher Liebe, konnte die Angriffe der Angst und Einsamkeit ertragen; aber nach und nach, wenn der Lärm der Städte erstarb, wenn das Ohr sich an die gewaltige Stille der Natur und der Kopf sich an das köstliche Aufeinanderfolgen ungestörter Stunden gewöhnte – dann muß der Geist des Eremiten auf wunderbare Weise unmerklich Fühler des Mitgefühls und des Verstehens für die geheimnisvolle Welt um ihn herum entwickelt haben. Man stelle sich nur die Freude vor, dem endlosen Gezänk, dem Schmutz, den Krankheiten und dem Elend einer mittelalterlichen Stadt oder dem Gekeife, dem Klatsch und den mechanischen Gesten der Frömmigkeit eines überfüllten Klosters entkommen zu sein! Man stelle sich nur vor, was es für ein Wunder gewesen sein muß, allein und ungestört in die Gemeinschaft mit der ungeheuren stillen

Welt der Felsen und Wasserfälle, der Vögel, Tiere und Blumen einzutreten!

Es gab natürlich verschiedene Arten von Eremiten: die langweilige Sorte, deren einziges Ziel es war, der Unruhe und der ständigen Rivalität der Städte oder der Plackerei und den Peitschenhieben auf den Höfen zu entkommen und schlaftrunken in einer warmen Felsspalte zu leben (nicht allzu weit entfernt von den anderen Einsiedlern), hoch über der dichtbesiedelten Ebene, die abwechselnd von Krieg und Pestilenz heimgesucht wurde. Und es gab den Schwärmer, der so angefüllt war mit innerem Licht, daß er weder Felsen noch Wasserfall sah, daß die verschiedenen Gesichter der Natur für ihn nichts weiter waren als Fenster aus klarem Glas, durch die der Glanz der seligmachenden Bilder zu ihm hineinfiel. Aber es muß auch eine dritte Art gegeben haben – die Art, bei der die göttliche Liebe, anstatt wie eine kalte innere Flamme zu brennen, ausfloß über die ganze Welt, die sie umgab, und der in diesem neuen unmittelbaren Kontakt mit der Natur die Schwalbe zu einer Schwester, der Wolf zu einem Bruder, ja sogar die einfachen Erdklumpen zu »Liebenden und Lichtern« wurden; stumme Franziskusse, vor ihrer Zeit geboren, denen das Leben der Natur, sprachlos, aber um so tiefgreifender, das Band der Bruderschaft zwischen Mensch und Erde offenbarte.

Diesen Einsiedlern gab sich die Wildnis wirklich zu erkennen, enthüllte noch einmal all den Schrecken und all die Poesie, die ihr seit Urzeiten eigen waren. Denn die Felsen und Wälder, die von den Menschen gemieden wurden, waren nicht immer so verlassen gewesen, und von Anbeginn hatte in ihnen jenes sonderbare verbindende Leben zwischen Mensch und Erdscholle pulsiert, von dem noch eine Ahnung an den einsamen Orten fortlebt. Die Eremiten wußten das natürlich: das Leben der alten Zeit war ihnen ja noch nah. Sie wußten auch, daß die Macht des Kreuzes vom Tempel und vom Marktplatz, von Garten, Haus und Weinberg eine ganze Schar von Schutzwesen verbannt hatte, in deren Händen man einst das Wohlbefinden des Menschen geglaubt hatte, aber die man dann als falsch und treulos erklärt und wieder zu ihren Brüdern in den Hügeln und Wäldern getrieben hatte. Diese Kenntnisse bauten nicht auf vagen Gerüchten auf, sondern auf autorisierten Tatsachen. Existierten nicht noch viele der alten Tempel, einige in die Wände der christlichen Kirchen eingebaut, während andere zu entweihten Ruinen auf einsamen Felsen oder Bergvorsprüngen verfielen? Und war es nicht allseits bekannt, daß in diesen letzteren sich die Geister der alten Götter noch immer versammelten? Viele Pilger und Reisende konnten das bezeugen. Wer hätte nicht von dem jüdischen Wanderer gehört, der in einer einsamen Gegend von der Nacht überrascht worden war und in einem verfallenen Apollontempel Zuflucht gesucht hatte, wo er von dem Gott und den Dämonen, die ihn begleiteten, vernichtet worden wäre, hätte er nicht (durch Furcht bekehrt) die ruchlose Bande mit dem Zeichen des Kreuzes verjagt?

Ein Knäuel klassischer und mittelalterlicher Traditionen, griechischer, etruskischer und germanischer, in denen die Götter der thessalischen Lichtungen und die Werwölfe der nördlichen Wälder in der *chevauchée* einer wilden Walpurgisnacht auf den mitternächtlichen Stürmen ritten, geisterte durch die Hintergründe des Lebens in jenem wirren Zeitalter, als auf dem Schlachtfeld des erwachenden menschlichen Verstandes »unwissende Armeen nachts zusammenstießen« (Matthew Arnold, *Dover Beach*). Dem Bürger, der sich an die Mauern der Stadt klammerte, erschien diese übernatürliche Welt dunkel und voller sündenbeladener und furchteinflößender Bilder, aber dem Bewohner der Wälder, der kühn genug war, den größeren Schrecken der Selbsterkenntnis entgegenzutreten, muß sie ein linderndes Gefühl der Kameradschaft vermittelt haben. Daß das so war, wird sogar von einigen der frühesten Legenden bewiesen. Die verbannten Götter zeigten sich den Verehrern des Usurpators nicht immer in Form von Gefahr und Vernichtung. Dem Stadtbewohner erschienen sie vielleicht in rachedurstiger Gestalt, wie zum Beispiel als die Venus, *tout entière à sa proie attachée*, die den Ring des christlichen Bräutigams festhielt (allerdings findet man in dieser Geschichte mit Sicherheit einen Anklang der alten Sehnsucht wieder); in ihrer angestammten einsamen Umgebung jedoch scheinen sie versöhnlich aufzutreten mit zaghaften Angeboten, Hilfe zu leisten, wie in der Geschichte, in der der heilige Antonius auf der Suche nach einem Einsiedlerbruder auf seinem Weg zunächst von einem Zentauren und dann von »einem kleinen Mann mit Hufen wie von einer Ziege« geführt wurde.

Über Generationen, ja sogar über Jahrhunderte hinweg müssen in dieser langsam fortschreitenden Zeit die Gottheiten der alten Ordnung den einfachen Leuten vertrauter geblieben sein als der fremde neue Gott Israels. Sie sind sicher oft im Dämmerlicht verstohlen zurückgekommen, um die ungebildeten, armen, sich plagenden Menschen zu überraschen und zu trösten, denn die glaubten noch immer an sie und opferten ihnen weiterhin heimlich von Honig triefende Waben und Schalen mit der Milch der Mutterschafe oder hängten Blumengirlanden in die gespaltenen Bäume, die, wie es hieß, von den alten Gottheiten heimgesucht wurden. Für einige dieser einfachen Seelen, die um den Verlust ihrer alten Hausgötter trauerten und ein wenig verwirrt waren von den Forderungen des großartigen, drohenden Christus, der stirnrunzelnd von den goldenen Höhen der byzantinischen Apsen auf sie hinabblickte, muß das »Zurück zur Natur« wie ein Heimkommen zu den Sitten ihrer Kindheit gewesen sein, die ihren Gefühlen entsprachen und ihnen vertraut und lieb waren. Warum sollten sie beim Anblick dieser alten exilierten Götter erschreckt sein, sie, die doch von Geburt an mit der Gewißheit ihrer Gegenwart aufgewachsen waren, mit dem beinahe menschlichen Umgang mit Wesen, die den Menschen mit dem Erdboden verbanden, der ihn nährte, und mit dem Dach, unter dem er schlief?

Sogar die heiligsten und gelehrtesten Männer der ersten christlichen Jahrhunderte stellten die Existenz der Heidengötter nicht in Frage, und die Kirchenväter füllten voluminöse Bände mit der Kontroverse über ihre Herkunft und ihren Einfluß auf die christianisierte Welt. Ein sonderbarer Meinungsstreit wurde wegen dieser brennenden Frage ausgetragen. Von der größeren Zahl der Autoritäten wurden die alten Götter für Dämonen gehalten, für Emanationen des geheimnisvollen Geistes alles Bösen, des Ahrimans des alten östlichen Dualismus, der sich geschickt in den neuen christlichen Glauben eingeschmuggelt hatte. Andererseits glaubte die christliche Kirche an die Orakel und führte sie für ihre Sache an, obwohl deren Stimme normalerweise als die der Dämonen galt, und außerdem ist die Geschichte des dunklen Zeitalters noch voller Anspielungen auf die Autorität der Sibyllinischen Bücher. Wenn die christlichen Gelehrten so im Bann des alten Glaubens gefangen waren, wie konnte da der Handwerker und der Leibeigene sich von ihm freimachen? Nach und nach sollte die Kirche dann, weil sie die Gefahren einer geteilten Glaubenstreue vorhersah und die unheilvolle Schönheit der alten Götter fürchtete, die alten Mythen in christliche Legenden umwandeln und so eine Fülle von menschenähnlichen Bildern für die Köpfe bereithalten, die nicht in der Lage waren, ihren Glauben mit den dünnen Abstraktionen der Scholaren am Leben zu erhalten. Die Ikonographie der Frühkirche ist Zeuge dafür, wie geschickt diese Anpassungen vollzogen wurden und die schmalen jungen Olympier und ihre Symbole unnachgiebig in den Dienst des neuen Glaubens genommen wurden; allerdings dauerte es lange, bis die Resultate dieses Prozesses das Denken des Volkes erreichten, und bis dahin lebten die alten Götter weiter, in völlig problemloser Freundschaft mit den sonderbaren Heiligen und Engeln.

Durch das ganze Mittelalter hindurch ging das Wunderbare nicht verloren, es entfernte sich nur immer mehr von den Zentren des Lebens und zog dabei die Herzen der Abenteurer hinter sich her. Die Polo-Brüder waren zweifellos klar denkende, praktische Männer, solange sie ihren Handel in Venedig betrieben, aber als sie den

Fuß in das Herrschaftsgebiet des Großen Khan setzten, drang eine Welt der Wunder auf sie ein. Wenn ein scharfsinniger italienischer Fürst, der bis zur Mitte des fünfzehnten Jahrhunderts lebte und dessen Hof schon vom Licht des neuen Humanismus erhellt wurde, trotz allem auf seinen Reisen ins Heilige Land und nach Griechenland Schlösser entdecken konnte, die von verzauberten Schlangen bewohnt wurden, und wunderwirkende Heiligtümer des alten Glaubens, wie sollten da die einfachen Gemüter der Klausner und Eremiten sich den alten Wundern verschließen?

Gestalten, die einmal in der Phantasie der Menschen beheimatet sind, geben nur widerwillig ihre Existenz auf. Durch Jahrhunderte hindurch hatte ein poetischer Glaube die alte Welt mit einer Schar übermenschlicher Wesen bevölkert, und es sollte auch ebenso viele Jahrhunderte dauern, bis diese Geister gebannt waren. Man darf außerdem nicht vergessen, daß kein plötzlicher Einbruch, politischer oder intellektueller Art, den Beginn der Einführung des Christentums markierte. Auch drei Jahrhunderte nach dem Opfertod auf dem Kalvarienberg findet sich kaum eine Erwähnung des neuen Gottes in den Schriften der heidnischen Historiker und Philosophen. Sogar nachdem dieser Gott die Legionen Konstantins zum Sieg geführt und so die offizielle Anhängerschaft der ganzen römischen Welt gewonnen hatte, gab es keinen gewaltsamen Wandel, der den Beginn dieser neuen Ära gekennzeichnet hätte. Viele hundert Jahre lang sollten die Menschen noch dieselben Felder pflügen mit Pflugscharen, die auf dieselbe Art gearbeitet waren, sollten dieselben Festtage mit denselben Riten einhalten und mit demselben Schatz von Glaubensüberzeugungen weiterleben. Und in den Herzen der Einsiedler muß sich dieser Glaube am längsten erhalten haben. Denn sie waren, als sie vor der Welt flohen, in die ursprüngliche Heimat der alten Götter zurückgekehrt. Diese alten Götter waren alle Naturgeister, der Welle entsprungen, der Wolke, dem Baum. Der Wille des Menschen hatte sie triumphierend in die Städte getragen, und aus den Städten konnten sie auf sein Geheiß auch wieder verbannt werden, aber wer sollte sie aus ihrer alten Festung im Herzen der Natur vertreiben? Ihre Tempel konnte man vielleicht dem neuen Christengott weihen, aber niemand konnte sie aus den Tempeln verscheuchen, die nicht von Händen errichtet worden waren. Das Tageslicht mochte ihre Existenz leugnen, das Dämmerlicht bestätigte sie dann doch. Sie bemühten sich nicht die Vorherrschaft, die man ihnen entrissen hatte, zurückzugewinnen: Götter wissen, wann ihre Stunde gekommen ist. Doch sie lebten weiter und zogen sich dabei immer mehr in ihre primitiven Formen zurück, in den Nebelstreif, in den Baumstumpf, in die Spuren des Mondlichts, das sich auf einem einsamen See spiegelte. Und manchmal wurden sie auch in sehnsuchtsvollen, flüchtigen Erscheinungen sichtbar für die Sterblichen, die gekommen waren, um ihr Exil im Wald zu teilen.

In was für einem liebenswerten Aufzug sie sich zeigten, kann man in vielen Bildern des italienischen *Quattrocento* sehen; einige der zweitrangigeren Maler aus dieser Zeit scheinen wahrhaftig in Verbindung mit diesem schattenhaften Wald-Olymp gestanden zu haben. Die Götter, die sie malten, sind nicht die strahlenden

Herrengestalten des griechischen Himmels, sondern halb menschlich, halb Waldwesen; sie bitten scheu und flehend darum, von den Menschen wahrgenommen zu werden, schweben sanft am Rande des gänzlichen Hinschwindens. Robetta, der Kupferstecher aus Florenz, bannte sie auf einige seiner Platten, Luini fing ihre zarte Anmut in seinem »Opfer für den Gott Pan« und der »Metamorphose der Daphne« ein, und Lorenzo Costa zeigt einen Augenblick ihrer Waldgelage in seiner »Mythologischen Szene« im Louvre, aber es ist doch Piero di Cosimo, der sie intuitiv und klar am besten erfaßt hat. Das freundliche, kleine Fellgeschöpf aus »Der Tod der Procris« könnte eben der Faun sein, der dem heiligen Antonius den Weg gezeigt hat, und alle mythologischen Bilder Cosimos enthalten genau diese Ahnung von einer Zwischenwelt, der Dämmerwelt der besiegten, christianisierten und doch in unserer Wirklichkeit weiterhin gegenwärtigen Götter, die so ganz anders ist als die klare Höhenluft der klassischen Kunst.

War es wirklich so, wie die Fachleute uns glauben machen wollen, daß nur der Mangel an Buchwissen und technischem Können die Maler des *Quattrocento* im Bannkreis dieses mittelalterlichen Olymps gefangenhielt? Waren diese langsam verschwindenden Götter und Halbgötter nur ein unbeholfener Versuch, die klassische Vorstellung von Göttlichkeit zu formulieren? Aber die Pisani hatten die griechische Bildhauerkunst doch schon zwei Jahrhunderte eher entdeckt! Aber die nicht verschütteten Wunder Roms wurden doch Tag für Tag gezeichnet und von geschickten Händen vermessen! Aber die Silhouetten der antiken Tempel zeichneten sich doch

noch immer gegen den Himmel des griechischen Groß-
reiches ab! Nein – diese geringeren Künstler mühten sich
nicht, einem halbverstandenen Ideal Gestalt zu verleihen. Weil sie gerade durch die Beschränkungen ihres
Genius dem Erdboden und der Vergangenheit nahestan-
den, überließen sie den großen Meistern die Aufgabe, die
klassische Antike wieder in ihre Rechte einzusetzen, genügte es ihnen, die Götter zu malen, die noch in ihrem
Innersten lebten, die Götter, denen ihre eigenen Vorfah-
ren noch in den vertrauten Straßen und Feldern begegnet
waren, die schwindenden Götter, die die Einsiedler als
letzte in der verlorenen Abgeschiedenheit der Berge gesehen hatten.

EIN TOSKANISCHES HEILIGTUM

Zu den seltensten und exquisitesten Freuden des Touristen in Europa gehört es, den Verfasser seines Reiseführers zu überlisten. Die roten Bände, die jeden Reisenden in ganz Italien begleiten, nehmen auch die verrücktesten Einfälle ihrer Leser so erschöpfend vorweg, daß es mittlerweile unmöglich geworden ist, eine Erkundungstour zu planen, ohne beim Konsultieren der Reiseführer zu erkennen, daß der Autor das Gelände längst sondiert, die Gasthöfe erprobt, die Kilometer gemessen und aus den gewaltigen Kunstbänden von Kugler, Burckhardt und Morelli eine Einschätzung der örtlichen Kunst und Architektur zusammengestellt hat, die in jede Tasche paßt. Selbst die Freude, ab und zu einmal einen Fehler zu entdecken, kann den Reisenden kaum über die normalerweise durchgängige Richtigkeit der Angaben im Führer hinwegtrösten. Die einzige Möglichkeit, diesen Allwissenden zu entkommen, liegt darin, die Orte, die sie beschreiben, auf einer Route zu erreichen, die sie noch nicht genommen haben.

Wer den größten Reiz beim Bereisen überzivilisierter Länder in solchen momentartigen Fluchten vor dem zu Erwartenden findet, der wird hier und da sogar in Italien noch einige Quadratkilometer finden, die bisher von keinem Reiseführer vermessen worden sind; und eben die kurze Freude einer solchen Entdeckung wartete auf uns, als wir eines Morgens in Certaldo aus dem Zug stiegen, fest entschlossen, von dort den Weg nach San Vivaldo zu erkunden.

Seit einigen Monaten beschäftigte uns die vage Information, daß irgendwo in den Hügeln zwischen Volterra und dem Arno ein unbekanntes Kloster liegen sollte, das eine Reihe von Terrakotta-Gruppen enthalte, die, so hieß es, die Passionsgeschichte in Szene setzten. Niemand in Florenz schien viel darüber zu wissen, und viele Leute, die wir befragten, hatten von San Vivaldo noch nicht einmal gehört. Professor Enrico Ridolfi, der zu dieser Zeit der Direktor der Königlichen Museen von Florenz war, wußte vom Hörensagen von der Existenz der Terrakotta-Gruppen, und erzählte mir, daß es gute Gründe dafür gäbe, der örtlichen Überlieferung Glauben zu schenken, die sie Giovanni Gonnelli, dem blinden Bildhauer von Gambassi, zuschrieb. Bei Gonnelli handelte es sich um einen unbekannten Künstler des siebzehnten Jahrhunderts, den die zeitgenössischen Autoren sehr gelobt hatten, der aber mittlerweile verdienterweise ganz in Vergessenheit geraten war. Professor Ridolfi hatte jedoch nie irgendwelche Photographien der Gruppen gesehen und neigte daher verständlicherweise zu der Annahme, sie seien nicht von großem künstlerischen Wert, da Gonnelli sehr viel später und in einer weit weniger bedeutenden Epoche gearbeitet hatte als die Künstler der berühmten Gruppen von Varallo. Und dennoch, sogar wenn die prätentiöseren italienischen Skulpturen auf ihrem Tiefpunkt angelangt sind, glimmt manchmal noch ein Funke ihres alten Lebens in den Improvisationen des *plasticatore* oder des Stukkateurs; und ich hoffte, in den so wenig geschätzten Gruppen von San Vivaldo etwas von der rauhen Naivität und der brutalen Energie wiederzufinden, die ihre berühmteren Rivalen in Varallo

Geschlechtertürme in San Gimignano

beleben. Mit dieser Hoffnung machten wir uns auf die Suche nach San Vivaldo, und da uns unser Reiseführer darauf hinwies, daß man es nur über Castel Fiorento erreichen könne, beschlossen wir prompt, es von San Gimignano aus zu versuchen.

In Certaldo, dem Geburtsort Boccaccios, wo uns der Zug an einem Aprilmorgen zurückließ, fanden wir ein altertümliches kleines Gefährt, dessen Kutscher Verständnis für unseren Plan hatte, andere Wege als unser Cicerone zu gehen. Er erzählte uns, er kenne eine Straße, die uns in etwa vier Stunden durch die Berge von San Gimignano nach San Vivaldo brächte. Und unter seiner Führung überquerten wir bald die Elsa, deren Ufer von Pappeln eingefaßt waren, und machten uns an den steilen Anstieg nach San Gimignano hinauf, wo wir die Nacht verbringen sollten.

Am nächsten Morgen erwartete uns noch vor Sonnenaufgang das kleine Gefährt vor der Tür des Gasthauses, und als wir zum Stadttor von San Gimignano hinausstürmten, empfanden wir die Erregung von Entdeckern, die zum ersten Mal einen neuen Kontinent sehen. Was da im frühen Morgenlicht vor uns lag, schien auch tatsächlich eine unbekannte Welt zu sein. Die Hügel, die am Mittag so klar umrissen sind und zum Sonnenuntergang hin so weich modelliert erscheinen, verschmolzen mit einem silbernen Meer, dessen entfernteste Wellen nicht mehr auszumachen waren, weil sie in Wogen von strahlendem Dunst übergingen. Nur das, was ganz nah im Vordergrund war, behielt seine präzisen Konturen, doch auch diese Dinge hatten etwas Unwirkliches. Felder, Hecken und Zypressen waren von einer Lichtaureole umhüllt, die an die goldenen Wellen denken ließ, die im Vordergrund von Botticellis »Geburt der Venus« über das Gras laufen. Der Sonnenschein hatte die Dichte von Blattgold: wir schienen geradezu durch die Landschaft eines alten Meßbuches zu fahren.

Zunächst hatten wir diese zauberische Welt ganz für uns, aber als das Licht zunahm, erschienen Grüppchen von Feldarbeitern unter den Olivenbäumen und zwischen den Weinstöcken. Schäferinnen trieben mit dem Hirtenstab in der Hand ihre Herden auf den Straßen vor sich hin, und Gespanne mit weißen Ochsen, die scharlachrote Fransen über ihren träumerischen Augen trugen, zogen an uns in so feierlich bewußter Gangart vorbei, daß die Phantasie ihre mit Reisigholz beladenen Wägelchen leicht zu den heiligen *carroccii* der Vergangenheit verwandeln konnte. Vor uns wand sich die Straße durch ein Gebiet mit Weingärten und Obstbäumen, aber nach Norden rollte das Panorama der toskanischen Hügellandschaft dahin, eine Reihe baumloser Hügelwellen nach der anderen, wobei jede von ihnen, als die Sonne stärker wurde, mit einer fein gezeichneten Genauigkeit umrissen war, wie man sie bei den Gebirgen im Hintergrund von Bildern Sebald Behams findet. Die gewaltigen Türme von San Gimignano beherrschten hinter uns jede Biegung der Straße wie eine beharrliche Luftspiegelung in der Wüste. Im Norden lag das Castel Fiorentino, und weiter von uns entfernt glänzten weiße Dörfchen wie fossile Muscheln, die in die Hügelflanken eingebettet waren.

Die Elemente, aus denen sich der Vordergrund solcher toskanischer Szenen zusammensetzt, sind immer von außerordentlicher Einfachheit: Hänge, an denen sich Weinstöcke und Maulbeerbäume spalierartig entlangziehen, und unter ihnen wächst der junge Weizen wie in grünen Flammen; Fleckchen mit aschenfarbigen Olivengärten und hier und da ein Bauernhaus mit überhängenden Dachtraufen und offener Loggia, das von der unvermeidlichen Zypressengruppe bewacht wird. Diese Zypressen mit ihren samtigen Spitzen von tiefem Schwarz treten vor den neutralen Tönen des Landschaftsbildes ungewöhnlich hervor. Mit der Sparsamkeit über die Gegend verteilt, die der geübte Schriftsteller beim Gebrauch seiner Ausrufungszeichen walten läßt, scheinen sie die tiefere Bedeutung der Szene zu betonen, lenken das Augenmerk hier auf ein Heiligtum, dort auf ein Gehöft, oder sie bezeugen einfach durch ihre Gegenwart, daß auf einer leeren Kuppe etwas fehlt, das einmal da war. Aber diese Bedeutsamkeit, die in jedem Detail liegt, ist auch einer der Hauptreize der mittelitalienischen Landschaft. Sie hat nichts von der sinnlosen Verschwendungssucht, nicht die extravaganten Höhepunkte dessen, was man so »schöne Landschaft« nennt. Nirgendwo wird das Auge großzügig bedacht, aber gerade die Zurückhaltung ihrer delikat gezogenen Linien, ihre scheinbare Verachtung jeder Effekthascherei geben ihr schon fast die Qualität eines Kunstwerks, lassen sie wie den krönenden Höhepunkt von Hunderten von Jahren bildhauerischen Ausdrucksvermögens erscheinen.

Über eine gewisse Entfernung hin stieg die Straße von San Gimignano nach San Vivaldo in Serpentinen immer bergan, und unser Aufstieg brachte uns schließlich in eine Region, wo der Ackerbau aufhört und der Weg über heidebewachsene Wellen führt; ganz selten wachsen dazwischen einmal Eichen oder Stechpalmen in geschützteren Mulden. Als wir weiterfuhren, wurde dieses Gestrüpp durch Pinien ersetzt, zu guter Letzt hatten wir den höchsten Bergkamm überwunden und sahen unter uns ein anderes Hügelmeer liegen, über dem sich ein nackter Gebirgsausläufer erhob, der wie ein schuppiges Monster auf den Wellen zu treiben schien und auf dessen schrecklich zerklüfteten Rückgrat sich die Mauern und Türme von Volterra wie Borsten sträubten.

Fast eine Stunde lang fuhren wir am Rand dieses Hügelbeckens entlang, vor den Augen der alten Stadt auf ihren graublauen Felsen, dann bogen wir in eine freundlichere Gegend ab, fuhren durch Wälder, die mit Primeln übersät waren, aus deren Tiefen Bäche zu uns heraufblitzten und durch deren Stille schließlich ein leises Glockengeläut an unser Ohr drang. Im selben Augenblick erkannten wir einen Campanile aus Ziegelsteinen über den Bäumen auf einem Hang, der genau vor uns lag, und unser Gefährt verließ die Straße und schwenkte in einen Weg ein, auf dem hier und dort die weißen Fassaden kleiner Kapellen durch das Blattwerk blickten. Der Weg machte eine plötzliche Kehrtwendung, führte zwischen moosigen Ufern abrupt bergab und brachte uns zu einem Rasenplatz vor einem rechteckigen Klostergebäude, das an die Kirche, deren Glocken uns eben willkommen geheißen hatten, angebaut war. Hier war es, San Vivaldo, und die Kapellen, an denen wir vorbeigekommen waren, verbargen unter ihren Kuppeln – »eher reinlich als erhaben« – die Terrakotta-Figuren, die wir suchten.

Das Kloster San Vivaldo, das vor einiger Zeit von der

italienischen Regierung für weltliche Zwecke genutzt worden war, ist jetzt dem Orden der Franziskaner wieder zurückgegeben worden, dem der Schutzheilige dieses Klosters einmal angehörte. San Vivaldo wurde in der zweiten Hälfte des dreizehnten Jahrhunderts in San Gimignano geboren, und nachdem er sich in seiner Jugend dem Dritten Orden des Heiligen Franziskus angeschlossen hatte, zog er sich in einen hohlen Kastanienbaum im Wald von Camporeno zurück (wo jetzt das Kloster steht). In dieser engen Wohnstätte verbrachte er den Rest seines Lebens »unter fortwährender Kasteiung und Enthaltsamkeit«. Nach seinem Tod wurde der Baum, der auf diese ungewöhnliche Art und Weise geheiligt worden war, zu einem Objekt der Verehrung für die Bauern der Umgegend, die, als er nicht mehr da war, an seiner Stelle der Jungfrau Maria eine Andachtskapelle errichteten. Es bleibt aber fraglich, ob dieses Denkmal, das nach und nach verfiel, San Vivaldo vor dem völligen Vergessen bewahrt hätte, wenn nicht dieser Senancour unter den Heiligen einen Matthew Arnold in der Gestalt eines Franziskanermönches gefunden hätte, einen gewissen Fra Cherubino aus Florenz, der im frühen sechzehnten Jahrhundert von seinem Orden den Auftrag erhielt, das verlassene Heiligtum wiederherzustellen und in seine Obhut zu nehmen. Fra Cherubino und seine Gefährten nahmen den Wald von Camporeno in ihren Besitz und machten sich daran, den Grundstein für ein Kloster zu legen, das an den Eremiten des Kastanienbaums erinnern sollte. Die vergessenen Verdienste San Vivaldos fanden durch die Beredsamkeit des Mönches im Andenken des Volkes bald wieder einen Ort, und oft genug konnte man nach einer seiner Predigten dreitausend Menschen in einer Prozession zum Fluß Evola marschieren sehen, um Baumaterial für das Kloster heranzuschaffen. Währenddessen begann Fra Tommaso, ein anderer der Mönche, den die Hügel und Täler von Camporeno an die heiligen Orte in Palästina erinnerten, damit, »fromme Kapellen« zu errichten, die Darstellungen der Passionsgeschichte enthalten sollten, und so entstand die Gruppe von Gebäuden, die jetzt das Kloster San Vivaldo bilden.

Als wir uns dem Kloster näherten, sahen wir mehrere Mönche, die in den Wäldern und in den Gemüsegarten unterhalb des Hauptgebäudes arbeiteten. Sie beachteten uns nicht, aber auf die Rufe unseres Kutschers hin erschien ein anderer, dessen römisches Profil aus einem der großartigen Gruppenporträts aus dem sechzehnten Jahrhundert, wo Mönche und andere Geistliche mit ernsten Gesichtern um einen sitzenden Papst versammelt sind, hätte stammen können. Dieser Mönch nun, der uns höflich willkommen hieß und dabei so wenig Erstaunen über unser Kommen zeigte, als würden jeden Tag ganze Touristenhorden in die einsamen Wälder San Vivaldos eindringen, ließ uns wissen, daß es seine Pflicht sei, Besucher zu den verschiedenen Heiligtümern zu führen. Von den Passionskapellen gibt es ungefähr zwanzig; noch einmal so viele, heißt es, sind mittlerweile verschwunden. Sie sind unregelmäßig über den Wald verteilt, der sich an das Kloster anschließt, und unser Führer, der großes Interesse an den Kunstwerken zeigte, die man seiner Obhut anvertraut hatte, versicherte uns, daß die Terrakotta-Gruppen ganz ohne Zweifel Giovanni Gonnelli, dem *Cieco di Gambassi*, zuzuschreiben seien, dessen Talent er anscheinend ungemein bewunderte. Einige Werke des Meisters, fügte er hinzu, seien zerstört worden oder durch solche von »qualche muratore« ersetzt worden, aber er versicherte uns, daß wir in den Gruppen, die erhalten seien, sofort die Hand eines herausragenden Künstlers erkennen würden. Während er uns den Weg zeigte, sprach er lächelnd die legendäre Blindheit Giovanni Gonnellis an, die ein überaus pittoreskes Detail in der Biographie des Künstlers abgibt. Der Mönch erklärte uns, Gonnelli sei nur auf einem Auge blind gewesen, und versetzte so Baldinuccis schöner Legende von den Porträtbüsten, die sehr zum Erstaunen von Päpsten und Prinzen in völliger Dunkelheit entstanden seien, den Todesstoß. Und doch hegten wir den leisen Verdacht, daß er die Taten seines Helden nur der Ungläubigkeit der Skeptiker anpaßte und vielleicht im geheimen an die Anekdoten glaubte, über die er zu lächeln vorgab. Auf der Schwelle der ersten Kapelle hielt er inne, um zu erklären, daß einigen der Gruppen nicht wieder gutzumachender Schaden während der Periode des Niedergangs zugefügt worden sei, die der Unterdrückung des Klosters gefolgt war. Die Regierung habe, fügte er noch hinzu, die Gelegenheit genutzt, die Krippe im Hochrelief zu entführen, die Gonnellis Meisterwerk gewesen sei, und manche Kapellen der Wappen aus Robbia-Keramik zu berauben, die früher die Decken geschmückt hätten. »Doch sogar in dieser Zeit«, schloß er, »wachten unsere guten Brüder im geheimen über die Heiligtümer, und sie retteten einige der Wappen, indem sie sie weiß übertünchten; die Krippe hat die Regierung uns aber nie zurückgegeben.«

Nachdem er uns auf diese Weise vor einer Enttäuschung gewappnet hatte, schloß er die Tür zur ersten Kapelle auf, in der sich, wie er erklärte, ein Werk befände, das ganz unzweifelhaft dem Meister zuzuschreiben sei – die Herabkunft des Heiligen Geistes auf die Jünger.

Diese Gruppe befindet sich, wie alle anderen in San Vivaldo, in einer kleinen apsisartigen Vertiefung im hinteren Teil der Kapelle. Ich hatte höchstens eine minderwertige Imitation des berühmteren Kreuzwegs von Varallo erwartet, der auch aus dem siebzehnten Jahrhundert stammt, aber zu meiner großen Überraschung fand ich mich vor einem sehr viel feiner gearbeiteten und anscheinend sehr viel früheren Kunstwerk. Die Figuren, die lebensgroß sind, stehen unter einem abgeflachten Bogen und sind mit einem solchen Geschick in den ihnen zur Verfügung stehenden Raum eingefügt, wie ihn die griechischen Bildhauer in der genauen Anpassung ihrer Gruppen an die Neigung der Giebelfelder bewiesen. Im Mittelpunkt kniet die Jungfrau Maria auf einer niedrigen Säule oder einem Sockel, der sie teilweise über die Figuren der Jünger um sie herum erhebt. Ihre Gebärde ist die eines feierlichen Gebets mit einem Anflug von nonnenhafter Strenge in den Falten ihres Schleiers und in der ordentlich gerafften Fältelung ihres Gewandes unter dem Mantel. Aus ihrem Gesicht, das von den Linien der Trauer und des Alters durchzogen ist, leuchtet aber dennoch ein inneres Licht, und ihre Hände sind wie bei allen Figuren, die bisher Gonnelli zugeschrieben wurden, unglaublich anmutig und ausdrucksstark. Dasselbe Gefühl von Sammlung und Andacht, von *recueillement*, wie die

Franzosen es nennen, drücken Gesicht und Haltung des knienden Jüngers an der äußersten linken Seite aus; die Gruppe als Ganzes atmet die einfache Frömmigkeit, die man normalerweise mit einer früheren und weit weniger weltlichen Kunstperiode verbindet.

Nach dieser Gruppe ist vielleicht »Lo Spasimo«, die Ohnmacht Marias beim Anblick ihres Sohnes, der das Kreuz tragen muß, die schönste. Sie ist die kleinste der Darstellungen, kleiner als Lebensgröße, und umfaßt nur die Figur der Heiligen Jungfrau, die von den beiden Marias und zwei knienden Engeln gestützt wird. In dem Versuch, den Schwächeanfall der Heiligen Jungfrau wiederzugeben, liegt eine Spur primitiver Steifheit, ihr Gesicht jedoch drückt geradezu ein Übermaß sprachloser Qual aus, dem in feinem Kontrast die ehrfürchtige, aber gemäßigte Trauer der Frau, die sich über sie beugt, entgegengesetzt ist, während aus den schönen Gesichtern der helfenden Engel wieder eine andere Nuance zartfühlender Anteilnahme spricht: das Mitgefühl derjenigen, die im Rat des ewigen Gottes sind und wissen

In la sua volontade è nostra pace.

In dieser Gruppe hat der Künstler die für ihn charakteristischen Eigenarten am vollkommensten zum Ausdruck gebracht: elegante und sorgfältige Modellierung, Zurückhaltung in der Emotion und jene »gift of tears«, die man in der volltönenden, aber oberflächlichen Kunst des siebzehnten Jahrhunderts am wenigsten vermuten würde.

Unter den Gruppen, die sicher aus derselben Hand stammen, sind die von Christus vor Pilatus, die der Himmelfahrt und die, in der Maria Magdalena Christus die

Füße salbt. In der Himmelfahrtsszene ist der obere Teil auf groteske Weise restauriert worden, aber die Figuren der heiligen Maria und der Jünger, die unten knien, sind anscheinend unberührt geblieben, und auf ihren Gesichtern liegt dieser Ausdruck erstaunter Ekstase, diese Widerspiegelung seligen Schauens, deren Darstellung die Stärke des Künstlers war. In einer jeden Gruppe hat sein heiliger Johannes diesen strahlenden Gesichtsausdruck, und in der Himmelfahrtsgeschichte erhellt sie sogar die welterfahrenen, bärtigen Gesichter der älteren Jünger. In der Szene, in der Christus vor Pilatus erscheint, ist die Gestalt des Pilatus besonders bemerkenswert: seine feingestalteten ungläubigen Lippen scheinen geradezu Pilatus' unsterblich gewordene Frage zu formulieren. Unser Führer wies uns darauf hin, daß dem römischen Liktor in dieser Gruppe, der den Arm hebt, um den angeklagten Christus zu schlagen, dieser Arm aus Glaubenseifer abgeschlagen wurde.

Das Besondere an der Darstellung Maria Magdalenas, die Christus die Füße badet, sind die vielen wunderbar gelungenen Köpfe, die um den Tisch herum versammelt sind. Die von Christus und seinem Gastgeber sind besonders ausdrucksstark, und die stille Zärtlichkeit, die aus dem Gesicht des heiligen Johannes spricht, kontrastiert geradezu mädchenhaft mit der majestätischen Würde der Gesichter um ihn herum. Die heilige Magdalena selbst ist nicht so glücklich ausgeführt worden; es wirkt unangenehm, wie sie auf allen vieren zu Christus hinkriecht, als wolle sie zum Sprung ansetzen; die Figur stammt wahrscheinlich auch von einem anderen Künstler. In der Kreuzigungsgruppe, die zum größten Teil nur von minderwertiger Machart ist, sind die Figuren der beiden Schächer sehr fein modelliert, und ihre Qual drückt sich mit derselben Nüchternheit der Mittel aus, die die Arbeit des Künstlers immer auszeichnet. Die übrigen Gruppen in den Kapellen sind nicht weiter interessant, aber unter dem Portikus der Kirche finden sich noch drei sehr schöne Figuren, wahrscheinlich vom Künstler des Spasimo, die den heiligen Rochus, den heiligen Linus von Volterra und einen der Kirchenväter darstellen.

Unter den Terrakotta-Gruppen von San Vivaldo sind also fünf, wie es scheint, vom selben Meister, und dann kommen noch mehrere einzelne Figuren aus anderen Gruppen hinzu, die wahrscheinlich von ihm stammen; sie alle sind immer Giovanni Gonnelli zugeschrieben worden, dem blinden Schüler von Pietro Tacca. Die Figuren dieser Gruppen haben beinahe, wenn auch nicht ganz, Lebensgröße; sie sind alle grob bemalt und ganz und gar ohne Glasur, obwohl sie von glasierten Leisten im bekannten Stil der Robbia umrahmt werden.

Professor Ridolfis Kenntnisse wurden durch die lokale Überlieferung bestätigt, und es gab wohl keinen Grund anzunehmen, daß die Gruppen von San Vivaldo nicht immer als das Werk Gonnellis angesehen worden waren, als das Werk eines unbekannten Künstlers, der in einer Zeit gelebt hat, als die größten Meister wenig geschaffen haben, dem die Nachwelt künstlerische Größe zugestanden hätte. Aber ein Blick auf die Terrakotta-Figuren genügte, um ganz klar zu zeigen, daß sie nicht in der Mitte des siebzehnten Jahrhunderts modelliert worden sein konnten: weder ihre Vorzüge noch ihre Nachteile gehörten zu dieser Epoche. Was hatte der Bildhauer von San Vivaldo schon mit den Schülern von Giovanni Bologna und Il Fiammingo gemeinsam, dieser ganzen Zunft geschickter Handwerker, die jede Kirche und jeden Palast in Italien mit einer unpersönlichen Herde von Junos und Marias, von Venus- und Magdalenen-Skulpturen, die man nur durch ihre offiziellen Attribute noch unterscheiden konnte, ausstatteten? Je genauer ich mir die Gruppen anschaute, desto mehr wuchs in mir die Überzeugung, daß sie die Arbeit eines Künstlers waren, der in einer früheren Zeit sein Handwerk gelernt hatte, und daß sie noch unter den zur Erstarrung führenden Einflüssen der Konvention einen Anflug jener Individualität und Direktheit in sich trugen, die die Höhepunkte toskanischer Kunst auszeichnen. Die sorgfältige Modellierung der Hände, die unspektakuläre Gruppierung, vollkommen ohne jede Bemühtheit und Gemütsbewegung, der einfache Faltenwurf der Stoffe, die Andacht in den Gesichtern, alles das schien auf noch vorhandene Einflüsse des fünfzehnten Jahrhunderts hinzuweisen, zwar nicht auf den frischen Zauber seiner Hoch-Zeit, aber auf die Verfeinerung, die Strenge seines Endes. Die glasierten Rahmenleisten und die kolorierten Medaillons, mit denen die Decken der Kapellen dekoriert waren, ließen an eine direkte Verbindung mit der späteren Schule der Robbias denken; und wie ich mir die Gruppen so anschaute, kam mir eine vage Erinnerung an eine Krippe, die ich im Bargello gesehen hatte, in den Sinn, die Giovanni della Robbia oder seiner Schule zugeschrieben wurde. Konnte sie das Hochrelief sein, das man aus San Vivaldo entfernt hatte?

Wieder in Florenz ging ich sofort in den Bargello und fand, daß die Krippe, an die ich gedacht hatte, tatsächlich die aus San Vivaldo war. Ich war überrascht über die außergewöhnliche Ähnlichkeit der Köpfe mit einigen aus den Gruppen, die Gonnelli zugeschrieben wurden. Ich hatte mir vorgestellt, der Künstler von San Vivaldo hätte ja vielleicht von der Krippe im Bargello inspiriert worden sein können, aber auf die völlige Gleichheit in der Behandlung bestimmter Details der Haare und des Faltenwurfs war ich nicht gefaßt gewesen. Natürlich ist die Krippe sehr viel feiner gearbeitet, aber das liegt auch in der Tatsache begründet, daß die Figuren hier viel kleiner und nur partiell hervorgehoben sind, während sie in San Vivaldo so weit aus dem Hintergrund hervorragen, daß man sie durchaus als wirkliche Plastiken ansehen kann. Außerdem hat die Glasur auf der ganzen Krippe, von den Gesichtern einmal abgesehen, die ursprüngliche Schönheit der Farben erhalten, während die Gruppen von San Vivaldo in grober Manier mit frischen Farbschichten überschmiert worden sind, teilweise sogar mit weißer Tünche. Die Wirkung der Krippe wird darüber hinaus durch einen überaus reich verzierten Rahmen aus Pilastern mit Fruchtgirlanden gesteigert und durch ihre zauberhafte Predella, die kleine Szenen zwischen Feldern mit Arabesken enthält. Alles in allem ist sie eine weit kunstvollere Arbeit als die Terrakotta-Gruppen von San Vivaldo, und einige ihrer anmutigsten Details, wie zum Beispiel der Tanz der Engel über dem Dach des Stalles, sind ganz offensichtlich dem früheren *repertoire* der Robbias entliehen; aber trotz dieser eher nebensächlichen Archaismen muß einem die Ähnlichkeit der Hauptfiguren zu einigen der Statuen von San Vivaldo einfach auffallen. Der Kopf des heiligen Josef in der Krippe beispielsweise mit seiner faltigen, vorspringenden Stirn und dem lockigen und zweigeteilten Bart läßt sofort an den Jünger denken, der im Haus des Pharisäers rechts vom heiligen Johannes sitzt. Dasselbe Gesicht, wenn auch jünger, taucht in der Pfingstgruppe wieder auf, und die kniende weibliche Gestalt in der Krippe ist auf dieselbe Art gearbeitet wie die jüngere Maria in der Spasimo-Gruppe, sogar die langen, nach hinten gerollten Haarflechten mit ihren muschelartigen Windungen sind identisch.

Die Entdeckung dieser enormen Ähnlichkeit machte das Problem nur noch interessanter. Es erschien kaum vorstellbar, daß ein Kunstwerk von der Bedeutung der Via Crucis von San Vivaldo nicht längst erforscht und zeitlich eingeordnet sein sollte. Gerade in der Toskana, wo jede Phase der Kunst des fünfzehnten Jahrhunderts, ihre Ausläufer in das nächste Jahrhundert eingeschlossen, mit so skrupulöser Sorgfalt nachgewiesen und analysiert worden ist, war es schlechterdings nicht zu fassen, daß ein so interessantes Beispiel eines maßgeblichen italienischen Stils unbeachtet hätte bleiben können. Es gab überhaupt keinen Zweifel, daß die Terrakotta-Gruppen in die fragliche Periode gehörten. Da es unmöglich war sich vorzustellen, ein hypothetischer Künstler des siebzehnten Jahrhunderts hätte sich damit zufriedengegeben, mit artiger Genauigkeit einen Stil zu imitieren, der längst keinen Gefallen mehr fand, mußte man davon ausgehen, daß ein bemerkenswertes Beispiel der Kunst aus dem späten *Quattrocento*, das sich nur wenige Stunden Reisezeit von Florenz befand, über beinahe vierhundert Jahre hin unentdeckt geblieben war. Die einzige vernünftige Erklärung für diese falsche Zuordnung schien mir die Tatsache zu sein, daß die Gruppen nie mehr als nur lokale Berühmtheit erlangt hatten, weil das Kloster San Vivaldo so abgelegen war; außerdem waren sie wahrscheinlich im siebzehnten Jahrhundert von Giovanni Gonnelli oder von einem seiner Schüler restauriert worden und wurden ihm deswegen von einer Generation zugeschrieben, die die Arbeiten früherer Künstler nicht mehr zu schätzen wußte, von den wunderbaren Fähigkeiten des blinden Modellierers zutiefst beeindruckt war und daher nur zu gern seinen Namen mit den Kunstschätzen des Klosters verband.

Den wenigen kunstinteressierten Besuchern des siebzehnten und achtzehnten Jahrhunderts wäre eine solche Zuschreibung nicht sonderbar vorgekommen. Das Erkennen von Stilunterschieden ist eine erst vor kurzer Zeit entwickelte Fähigkeit, und selbst wenn ein Kunstkenner bis in die Wildnis von San Vivaldo vorgedrungen wäre, hätte er wahrscheinlich nichts bemerkt, was ihn an der lokalen Überlieferung hätte zweifeln lassen. Das Wahrnehmungsvermögen für Stilunterschiede, das in der ersten Hälfte des neunzehnten Jahrhunderts aufkam, zeichnete sich, was das Studium italienischer Kunst anging, durch eine verachtungsvolle Gleichgültigkeit gegenüber allem aus, was nicht in eine ganz kurze Kunstperiode hineingehörte; und die einfache Tatsache, daß von einem plastischen Kunstwerk behauptet wurde, es sei im siebzehnten Jahrhundert ausgeführt worden, hätte schon genügt, jedes Interesse der Kunstexperten im Keim zu ersticken. Auf diese Weise führte die Überlieferung, die die Terrakotta-Gruppen von San Vivaldo Giovanni Gonnelli zuschrieb, so erfolgreich dazu, daß ihnen moderne Untersuchung versagt blieb, wie wenn sie sich mitten auf einem unerforschten Kontinent befunden hätten, und ließen mir die seltene Erfahrung zuteil werden, im Herzen des am sorgfältigsten bearbeiteten kunsthistorischen Jagdgebiets Europas eine Entdeckung zu machen.

Das nächste, was ich tat, war, die Bestätigung eines Experten für meine Theorie zu suchen, und ein erster Schritt bei meinem Vorgehen war es, die Terrakotta-Gruppen von San Vivaldo durch Signor Alinari aus Florenz photographieren zu lassen. Leider mußte ich Italien verlassen, bevor die Photographien aufgenommen werden konnten; aber als ich sie dann erhielt, sandte ich sie gleich an Professor Ridolfi, der natürlich mit einer gewissen Ungläubigkeit meine Beschreibung der Terrakotta-Gruppen angehört hatte; und seine Antwort zeigt, daß ich die Bedeutung meiner Entdeckung nicht überschätzt hatte.

»Kaum hatte ich die Photographien angesehen«, schreibt er, »war ich überzeugt davon, daß es ein Irrtum war, sie auf Giovanni Gonnelli, den man auch *Il Cieco di Gambassi* nennt, zurückzuführen. Ich sah gleich, daß sie nicht die Arbeit eines Künstlers aus dem siebzehnten Jahrhundert waren, sondern die eines Künstlers, der in der Nähe des fünfzehnten oder Anfang des sechzehnten Jahrhunderts gelebt hat, eines Künstlers aus der Schule der Robbias, der ihren Vorgaben folgt und ihren Stil hat. … Die Figuren sind wunderschön gruppiert, mit wahrem Gefühl und mit einiger *bravura* modelliert. Sie scheinen mir nicht alle vom selben Meister zu stammen, denn der Christus im Haus des Pharisäers scheint früher und stilreiner zu sein, und etwas robuster im Ausdruck. Auch die Ohnmacht der Madonna, ... deren Stil etwas Großartigeres hat als die anderen Reliefs, dürfte wohl in die ersten Jahre des sechzehnten Jahrhunderts gehören.

Die Tatsache, daß die Terrakottafiguren keine Glasur haben, beweist nicht, daß sie kein Werk der Robbia-Schule sind, denn Giovanni della Robbia zum Beispiel ließ den Leib seiner Figuren unglasiert und bemalte sie mit einem Pinsel; genau dies ist bei der Krippe im Nationalmuseum der Fall« (dabei handelt es sich um die Krippe aus San Vivaldo), »ein Werk der Robbia, in dem der Leib der Figuren unglasiert geblieben ist.

Ich erkläre darum hier mit absoluter Sicherheit, daß es ein Fehler ist, diese schönen Werke Giovanni Gonnelli zuzuschreiben, und daß sie ganz ohne Zweifel ein Jahrhundert früher datiert werden müssen.«

SUB UMBRA LILIORUM

Impressionen aus Parma

Auf den ersten Blick fehlt Parma die liebenswerte Individualität, die manche andere kleinere italienische Stadt besitzt. In der romantischen Gruppe herzoglicher Städte, die zwischen Mailand und der Adria liegen – Parma, Modena, Ferrara, Urbino – läßt sich Parma wohl am wenigsten leicht mit ein paar schnellen Strichen zeichnen oder in einem Satz zusammenfassend darstellen. Seine Wesenszüge, wie interessant sie auch an sich sein mögen, wollen nicht zu einem Ganzen verschmelzen, an das man sich erinnern könnte und das auf Anhieb die Phantasie des Reisenden für sich einnähme. Die »Sehenswürdigkeiten« von Parma muß man suchen, sie bleiben einzelne, isolierte Einsprengsel, und diese Suche wird ganz selten nur von den architektonischen Glücksmomenten belebt, die einer Fahrt durch Ferrara oder Ravenna einen so herrlichen Beigeschmack von Überraschung verleihen.

Wer die Kunst des vierzehnten Jahrhunderts liebt und von Ruskin dazu angehalten wurde, grußlos an allem vorbeizugehen, was jünger ist als die ersten Äußerungen des gotischen Stils, muß seine Erkundungen auf das Baptisterium und das Äußere der Kathedrale beschränken; und sogar der laxere Eklektiker mit einer geheimen Schwäche für das Barocke, der sich an den letzten frivolen Blüten des achtzehnten Jahrhunderts erfreuen kann, findet wenig, das seinem Geschmack unmittelbar zusagen würde. Das allgemeine Bild, das Parma bietet, ist tatsächlich entschieden nichtssagend, und seine wichtigeren Gebäude verfügen nur über den eher relativen Vorzug, an gelungenere Beispiele desselben Stils zu erinnern. Dieser Mangel an Superlativen wird in vielen italienischen Städten durch den romantischen Charme der Straßen ausgeglichen: durch schön gearbeitete Fenster, die ins Auge fallen, durch säulengeschmückte Innenhöfe und Mauerbrüstungen, deren vollendet geschwungene Linie sich gegen den blauen Himmel abhebt. Die Häuser von Parma jedoch sind so einfach, daß es schon an Ärmlichkeit grenzt, und wenn ihre monotone Folge auch dann und wann durch die Fassade eines Palastes durchbrochen wird, der sich mit den Lilien der Farnese schmückt, so muß man doch zugeben, daß diese Fassaden mit wenigen Ausnahmen kaum Interesse weckende Eigenschaften haben, von ihrer Größe einmal abgesehen. Außer Ravenna läßt sich vielleicht keine andere italienische Stadt finden, die so aller augenfälligen Reize bar ist, und bestimmt nirgendwo außer in Italien könnte ein so wenig verheißungsvolles Äußeres so vielfältige Schätze beherbergen. Für den Italienliebhaber – den unermüdlichen Verehrer, den jeder Frühling wieder über die Alpen ruft – liegt ein gewisser Charme in dieser äußeren Fadheit. Wenn man ganz und gar erfüllt von der mittelalterlichen Atmosphäre Sienas, Perugias oder Pistoias ist, wenn man in Vicenza, Modena und Bergamo sogar die Luft Goldonis, Rosalbas und der *commedia dell'arte* zu atmen geglaubt hat, ist es recht erfrischend, in eine Stadt zu kommen, die sich zurückhaltend gibt und sagt: »Du mußt schon selbst herausfinden, was es mit mir auf sich hat.« Solch eine Herausforderung spornt den psychologisch Interessierten an und gibt seiner Suche noch dazu den Reiz der Neuentdeckung.

Es klingt vielleicht paradox, die Empfindungen des Entdeckers mit einem der bekanntesten Zentren künstlerischen Wirkens in Verbindung zu bringen, aber zum Teil liegt es gerade an der Tatsache, daß Parma noch immer von Correggio beherrscht wird, daß es aus dem Interessenradius des modernen Reisenden herausgefallen ist. Denn wenn es auch gerade erst hundert Jahre her ist, daß unsere Großeltern sich dorthin begaben, um in Ehrfurcht vor dem Meister zu erbeben, so ist doch ihr ästhetisches Verständnis dem unseren so fern wie ihre Art sich fortzubewegen. Durch eine sonderbare Laune des Schicksals überlebt Correggio, den man so lange als den führenden Repräsentanten des Gefühls in der Kunst angesehen hat, jetzt nur seiner Technik wegen, und seine Unsterblichkeit ist zu der eingeschränkten Unsterblichkeit eines Malers für die Maler verkommen. Eine neue Generation mag ja seinen emotionalen Charme wiederentdecken, aber den technisch nicht interessierten Bildbetrachter unserer Zeit kann seine großartige Virtuosität im Umgang mit Licht und Farbe nicht mit der von sich selbst eingenommenen Haltung seiner Heiligen und Engel und mit der süßlichen Schönheit seiner Madonnen versöhnen. Correggio fehlt sowohl der unverhohlene Naturalismus solcher Meister wie Palma Vecchio und Bonifazio, der sinnliche Mystizismus eines Sodoma wie der phantastische Frohsinn Tiepolos; daher erscheint er wie der typische Vertreter jener Phase kalter Sentimentalität, die mit dem kitschigen Gartenlaubenstil vor sechzig

Jahren endlich im Sande verlief. Jede Generation stellt bestimmte Forderungen an die Kunst ihrer eigenen Zeit und sucht sich ihre Affinitäten in der Kunst der Vergangenheit, und eine Art persönlicher Aufrichtigkeit ist vielleicht das, was der moderne Geschmack am konsequentesten verlangt. Dieser Begriff sollte nicht in seinem technischen Sinn verstanden werden, in bezug auf die Ausführung eines Bildes, sondern im Hinblick auf die künstlerische Imagination, als ein Charakteristikum der Botschaft des Künstlers. Es ist unvermeidbar, daß der durchschnittliche Betrachter Bilder von einem ganz und gar untechnischen Standpunkt aus ansieht. Er weiß nichts von Farbwerten, von Pinseltechnik und dergleichen, und doch ist es gerade die große Mehrheit solcher Menschen, an die sich die Kunst wendet. Es muß daher zwei anerkannte Wege geben, ein Bild zu beurteilen – über seine Technik und über seinen Ausdruck, womit nicht einfach die Geschichte gemeint ist, die es erzählt, sondern seine Fähigkeit, durch Linie und Farbe ein Äquivalent für eine Idee oder eine Emotion zu schaffen. Diesen Anspruch in Zweifel zu ziehen, gibt es um so weniger Grund, als die Kraft, »die Seele zu sehen«, wie man diese Fähigkeit definieren könnte, die Kraft, einen Eindruck zu verkörpern, ihn anderen sichtbar und verständlich zu machen, notwendigerweise eine Frage der Technik ist. Und es ist kaum anzunehmen, daß einem Künstler, der nicht über diese Einsicht verfügt, jemals besondere Größe zugestanden worden wäre, nicht einmal von seinen Künstlerkollegen.

Nun scheint dem Gefühl, das Correggios Bilder verkörpern, zumindest vom gegenwärtigen Standpunkt aus gesehen, diese rettende Essenz der Aufrichtigkeit abzugehen. Es ist wahr, daß der Geschmack unserer Zeit sich mit einiger Begeisterung wieder den brillanten Manierismen des achtzehnten Jahrhunderts zugewandt hat; aber weil es sich dabei um gewollte Manierismen handelt, so freimütig gekünstelt wie die Maskeraden von Kindern, beschäftigen sie noch immer die Vorstellungskraft der Menschen. So wie die Spiele der Kinder eine Seele haben, oder auch jede Ablenkung, die man mit Überzeugung betreibt, so hat auch die lachende Kunst des achtzehnten Jahrhunderts eine Seele, wenn es auch die eines sprunghaften verwöhnten Kindes ist. Die große Schwäche der Kunst Correggios liegt darin, daß sie überhaupt keiner Überzeugung Ausdruck verleiht. Er bietet uns keinen Zugang zum *état d'âme* seiner himmlischen Gymnastiker. Es scheint nicht so, als würden sie diese Welt oder die kommende ernsthaft lieben, oder als würden sie irgendeinen persönlichen Anteil an den Aktionen nehmen, mit denen der Künstler sie beschäftigt. Sie sind in Wahrheit einfach nur Modelle, die sich für soundso viel die Stunde verrenken und geziert lächeln und so gut ausgebildet sind, daß sogar ihre Individualität als Modell hinter ihrem festgefrorenen professionellen Lächeln verborgen bleibt. Aus der Tatsache, daß sie dem Betrachter nur wie Modelle vorkommen, läßt sich folgern, daß sie auch für Correggio nur Modelle waren, daß seine Kunst keine verwandelnden Qualitäten hatte, und daß er sich der Drähte, mit denen die Engelsflügel befestigt waren, immer bewußt war.

Man kann zwar als Argument anführen, daß die religiöse Malerei in Italien im sechzehnten Jahrhundert so stereotype Formen angenommen hatte, daß ein anderer Genius als der Correggios vonnöten gewesen wäre, sie daraus zu befreien, und daß man die Höhepunkte der Kunst dieser Zeit eher im Bereich der dekorativen Kunst suchen sollte, wo Konventionalität zu einer Stärke wird und wo die künstlerische Vorstellungskraft sich ausschließlich in Linien und Farben ausdrücken kann. Viele der dekorativen Bilder des sechzehnten Jahrhunderts gehören auch wirklich zu dem Herrlichsten, was die italienische Kunst hervorgebracht hat, und man hätte erwarten können, daß Correggios außerordentliches technisches Können und seine Vorliebe für rhythmisch wirbelnde Linien sich vielleicht voll und ganz in dieser Richtung entwickelt hätten. Dem Künstler ist es natürlich erlaubt, die himmlischen Heerscharen nur als Faktoren seiner dekorativen Komposition anzusehen und Throne, Herrschaft, Fürstentümer, Tugenden und Mächte allein in Beziehung zu dem Durchmesser einer Kuppel oder der geschwungenen Linie einer Bogenhintermauerung zu sehen. Dem nicht technisch interessierten Betrachter ist das jedoch fast unmöglich, und wenn sie den Maler nur als Dekorateur beurteilen soll, fühlt sich die große Menge vor so offensichtlich dekorativen Werken wie den Fresken des Sankt-Paulus-Klosters besser aufgehoben. Es gibt Grund genug anzunehmen, daß Correggio sein Bestes gegeben hat, als er den Auftrag der frohsinnigen Äbtissin ausführte, die ihn ihr persönliches Sinnbild (den Halbmond) ausführen ließ, indem er ihre Räume mit der Legende der Diana ausschmückte. Es liegt etwas wunderbar Typisches für diese Periode darin, daß sie die Göttin aus dem Latium wählte, um dem Geist klösterlicher Keuschheit Ausdruck zu verleihen, und genauso typisch ist es für Correggio, daß er diesen Auftrag als eine Gelegenheit ansah, klassische Basreliefs zu schaffen und rosiges Fleisch und Blut zu malen, ohne weiter zu versuchen, den etwas forcierten Symbolismus dieses Mythos auszuführen.

Die gewölbte Decke des Raumes ist mit einem am Spalier hochgezogenen Baum bemalt, durch den rosige Amoretten auf eine blonde Diana spähen, die aus den grauen Schwaden des Abendnebels heraustritt: es ist eine zauberhafte Komposition, und es liegt viel Grazie in der Art, wie die Göttin dargestellt ist und darin, wie die *grisailles* der Lünetten unter den Gesimsen gearbeitet sind; als Ganzes fehlt der Malerei jedoch gerade die ätherische Qualität, die als typisches Unterscheidungsmerkmal von Correggios Kunst angesehen wird. Verglichen mit dem delikaten Spalierwerk und den huschenden Cupidos von Zuccheros Fresken in der Villa des Papstes Giulio ist Correggios Entwurf schwerfällig und langweilig. Die Unmengen von Blattwerk sind zu uniform gemalt und die *putti* sind zu dick und zu schwerfällig für ihre himmlische Aufgabe. Dieses Versagen vor einer Aufgabe dekorativer Art wird um so augenfälliger durch die glückliche Hand, die Araldi eine Generation zuvor bewies, als er ein ähnliches Problem in einem der angrenzenden Räume zu lösen hatte. Hier werden die leichten Arabesken und die Miniaturgottheiten der Decke und die biblischen und mythologischen Szenen des Frieses mit dem ernsthaften Bemühen um persönliche Wahrhaftigkeit des Ausdrucks dargestellt, die das vorherrschende Prinzip der Kunst des fünfzehnten Jahrhunderts war. Es liegt an ihrer Fähigkeit

Wandbemalungen im Baptisterium von Parma

zu einer persönlichen Interpretation, deren Gegenpol jedoch immer die strengen Vorgaben des im dekorativen Sinne Angemessenen bleibt, daß die Wandgemälde des fünfzehnten Jahrhunderts den Betrachter so rundum zufriedenstellen, so daß verglichen mit dem Mantegna-Raum in Mantua, der Sala del Cambio in Perugia, der Sala degli Angeli in Urbino und dem Freskensaal des Palazzo Schifanoia in Ferrara alle späteren Wanddekorationen in Italien (außer vielleicht der Moretto-Raum in Brescia) nicht ganz deren Perfektion erreichen.

Parma selbst bietet ein bemerkenswertes Beispiel eines sehr viel früheren Stils der Wandbemalung. Das alte Achteck des Baptisteriums mit der Galerie und dem merkwürdigen Fries von Tieren, die springen, zum Sprung ansetzen oder rennen, ist schon von außen eines der interessantesten Gebäude in Italien, während sein Inneres einen so eigentümlichen Charakter hat, daß man sogar in einem Land, in dem der Wettbewerb um Individualität ein derartig hohes Niveau hat, kaum seinesgleichen findet. Von der Spitze der Kuppel an sind die Wände in mehreren Reihen mit Fresken bedeckt, in denen die Heiligenfiguren in starrer Haltung und strengem Blick dastehen, während sich zwischen ihnen unbeholfene Darstellungen der biblischen Geschichte finden. All diese Zeichnungen sprechen durch eine besondere Naivität des Entwurfs und große Inbrunst der Gebärden und des Ausdrucks zum Betrachter. Die in der Kuppel und die zwischen den Fenstern werden dem dreizehnten Jahrhundert zugeschrieben, während die tieferliegenden Fresken wohl aus dem vierzehnten Jahrhundert stammen; sie sind jedoch in so kruder Manier gearbeitet, daß sie mit den oberen Reihen zusammen eine außergewöhnlich dekorative Wirkung erzielen. Deren Charakter von Fremdheit wird noch dadurch erhöht, daß hier und dort Hochreliefs von Heiligen und Engeln eingesetzt werden, die so plaziert sind, daß die Fresken den Hintergrund für ihre vorspringenden Gestalten bilden. Die gelungenste dieser Skulpturen ist das Relief von der Flucht nach Ägypten: die feierliche Prozession wird von einem gedrungenen Engel mit viereckigem Gesicht und unhandlichen Flügeln angeführt, während zwei undurchdringlich dreinschauende Gestalten in orientalischer Kleidung den Schluß bilden.

Besucht man sie nach dem Baptisterium, so ist die Kathedrale vielleicht ein wenig enttäuschend. Doch wenn man durch ihre wettergegerbte Frontseite zwischen den abgewetzten roten Löwen vor dem alten Portal in die dämmrige Pracht ihres Inneren tritt, so erlebt man einen dieser Kontraste, die nur in einem Land möglich sind, wo die bescheidenste Kapelle am Wegesrand die verschiedenen Schichten der Kunst von Jahrhunderten enthüllen kann. In der großen Kuppel beherrscht Correggio die Kathedrale mit seinem Wirbelstrom himmlischer Heerscharen; und die Wände des Schiffs sind mit Fresken von Mazzola und Gambara bedeckt, denen die Zeit einen goldbraunen Ton verliehen hat, wie von üppigen Portieren, der das anmaßend Nichtssagende ihrer Komposition wieder wettmacht. Es gibt noch einen ehrwürdigen Bischofsthron, der Benedetto Antelami zugeschrieben wird, diesem sonderbar dramatischen Bildhauer, von dem auch die Reliefs im Baptisterium stammen sollen, und eine der Kapellen enthüllt eine großartige Kreuzesabnahme mit seiner Signatur; doch abgesehen von diesen Arbeiten sind die Details des Innenraums, auch wenn zu ihnen noch mehrere schöne Grabdenkmäler und ein Altarbaldachin von Alberti gehören, nicht außergewöhnlich genug, um einen bleibenden Eindruck zu hinterlassen.

Beinahe jede italienische Stadt ist, auch wenn sie viele Herren gekannt hat, von der Macht einer dominierenden Familie geprägt, und Parma ist ganz offensichtlich die Stadt der Farnese. Obwohl sie erst spät an die Herrschaft kamen, sind ihre Lilien doch überall, über den Torbögen und den Palastfassaden ebenso wie in den Seitenschiffen der Kirchen; außerdem haben sie der Stadt eine ganze Anzahl von Gebäuden hinterlassen, die das Stadtbild entscheidend bestimmen, von dem ungeheuer großen, nicht fertiggestellten Palazzo della Pilotta bis zu dem barocken Springbrunnen aus verschiedenfarbigem Marmor, der mit seinen anmutigen Nymphen und Flußgöttern die grasbedeckte Einsamkeit des Palastinnenhofes belebt. Dem größten dieser herzoglichen Baumeister, Rannuccio I., hat Parma den gigantischen Entwurf des Pilottapalastes, wie auch das Teatro Farnese und die Universität zu verdanken. All das ergänzte dann zu einem späteren Zeitpunkt der Herzog Ottavio durch den entzückenden »Kleinen Gartenpalast«, dessen freundliche gelbe Fassade noch immer über die verschlungenen Alleen eines formalen Lustgartens blickt, den die Bourbonenherrscher, die auf Ottavio folgten, mit Skulpturengruppen des Hofbildhauers, eines Franzosen namens Jean Baptiste Boudard, schmücken ließen. Ottavio erteilte Agostino Carracci den Auftrag, das Innere der herzoglichen Villa zu dekorieren, und sogar jetzt noch, nach Jahren unglaublicher Verwahrlosung und miserabler Behandlung, zeigen einige der Räume die Überbleibsel einer Arbeit, die, wie die leutselige Inschrift des Künstlers es formuliert, *sub umbra liliorum* ausgeführt wurde. Die Villa ist in eine Kaserne verwandelt worden, und es ist schwierig, Zugang zu erhalten; doch einem Touristen, der nicht so schnell aufgibt, kann es gelingen, wenigstens einen Raum zu besichtigen, wo großgliedrige, rotwangige Sterbliche sich vor dem Hintergrund einer bläulichen Sommerlandschaft durch die langwierigen Episoden einer olympischen Fabel bewegen. Hier zeigt sich, wie talentiert die Carraccis darin waren, hohe kühle Räume mit offiziellem Charakter zu dekorieren, die dazu dienten, die mittsommerliche Trägheit eines Hofes zu beherbergen, der noch immer unter dem Joch der spanischen Etikette und in einem Klima lebte, wo die lineare Lebhaftigkeit eines Tiepolo vielleicht zu Schlaganfällen geführt hätte.

Das bemerkenswerteste Gebäude jedoch, das unter dem Schatten der Lilien entstand, ist das berühmte Theater, das von Aleotti für den Herzog Rannuccio gebaut wurde, und das man 1620 eröffnete, um die Hochzeit Odoardo Farneses mit Margarete von Toskana zu feiern. Äußerlich ist es nur ein Anbau an den Palast, aber für alle diejenigen, die eine Schwäche für die lebenslustigen Figuren der *commedia dell'arte* haben und ihren bunten Abenteuern in den Seiten Gozzis und Goldonis gefolgt sind, ruft sein Inneres sofort das Wanderleben des Theaters im siebzehnten und achtzehnten Jahrhundert wach – in jener merkwürdigen Zeit, als die Schauspieler von einem Herzogtum zum nächsten zogen, um Vorstellungen bei Hochzeitsfesten und Siegesfeiern zu geben, als Könige und Fürsten bereit waren, Paten ihrer Kinder zu werden, während die Kirche ihnen eine christliche Beerdigung versagte.

Das Teatro Farnese ist eine dieser brillanten Improvisationen aus Holz und Gips, die die italienischen Künstler in Jahrhunderten eilig organisierter *trionfi*, staatlicher Umzüge, religiöser Feierlichkeiten und bei Umzügen nach beendeten Kriegen zu bauen gelernt hatten, wobei die Bildhauer, Architekten und Maler zusammenarbeiten müssen, um in schneller Folge Triumphbögen, architektonische Perspektivwirkungen, Skulpturen, Gefährte, Engelsflüge und Galleonen, die auf vorgetäuschten Meeren dahinschlingern, zu entwerfen: schnell vergängliche Visionen irgendeines *pays bleu* von Boiardo oder Ariost, nur dazu da, um am nächsten Tag wieder zu Staub zu verfallen wie der Palast des bösen Zauberers. Für den Bewunderer dieser besonderen italienischen Gabe der spontanen plastischen Erfindung, der Kunst des *plasticatore*, um einmal diesen nicht übersetzbaren Ausdruck zu entleihen, sind solche Gebäude von besonderem Interesse, denn es existieren, der Natur ihrer Konstruktion entsprechend, natürlich nur noch wenige, und von diesen ist wahrscheinlich keines so gut erhalten wie Aleottis Theater. Die Dachbespannung aus bemalter Leinwand ist verschwunden, und die prachtvollen Herzöge aus der Familie der Farnese, die in den stolzen Nischen zu beiden Seiten des Proszeniums rittlings auf ihren Offizierspferden sitzen, zeigen allmählich ihre hölzerne Anatomie unter den Wunden ihrer Gipsseiten; aber die elegante

Komposition des Zuschauerraums und die Scharen von Gipsgottheiten, die sich in den Nischen und auf den Balustraden spreizen oder sich über dem Proszeniumsbogen in der Schwebe halten, lassen den Betrachter noch immer die ursprüngliche Pracht dieses Anblicks erahnen. Die staubige Dunkelheit des Ortes erweckt den Eindruck, als sei eine Verwandlung im Gange, und wenn die Phantasie der Decke die großen Kristallüster zurückgegeben hat, die jetzt im Museum nebenan hängen, scheint ihr Licht wieder auf Logen zu fallen, die mit karminrotem Samt ausgeschlagen sind und in denen sich adlige Herrschaften in spanischem Habit drängen, während auf der Bühne vor einem fröhlichen Perspektivbild aus Kolonnaden und Terrassen Isabella, Harlekin und der Hauptmann Spavento, *plasticatori* einer anderen Art, auf dem Gerüst einer allseits bekannten Intrige den luftigen Überbau ihres Witzes errichten.

Im angrenzenden Palast ist ein solches Wiedererwekken von Leben nicht möglich. Die meisten Museen in Italien sind tote Orte, und keines ist starrer und lebloser als das von Parma. Es sind dort noch viele der herzoglichen Schätze zu finden – Familienporträts, von Suttermans und Sir Antony Mor gemalt, Büsten der bourbonischen Herzöge von Parma in berninischer Manier mit üppigen Perücken und wehenden Spitzenhalstüchern, alte Möbel, alte Majolika und all die zerbrechlichen, kunstvoll gearbeiteten Kleinigkeiten, die durch irgendeine Ironie des Schicksals erhalten bleiben, wenn Stein und Marmor brechen. All diese Accessoires vergangener Pracht, katalogisiert, numeriert und in Glaskästen gesteckt, können das Leben, von dem sie einmal ein Bestandteil waren, nicht wieder wachrufen, sowenig wie der Inhalt eines Herbariums den Duft und das leise Gemurmel einer Sommerwiese wiedererstehen lassen kann. Die vergänglichen Herren all dieses Pomps, vom großen Alexander bis zur Herzogin Marie Louise von Österreich, seiner letzten unwürdigen Nachfolgerin, schauen mit unbewegtem Blick auf diese langweilige Aufreihung exakt klassifizierter Objekte; und man hat, wenn man von einem Raum zum anderen geht, das Gefühl, als ob ein geistvolles heroisches Gedicht, das von den glorreichen Eitelkeiten des Lebens handelt und dessen Wirkung ganz von der glücklichen Anordnung der Worte abhängt, in Teile zerlegt und in anderen Formulierungen wieder zusammengesetzt worden wäre.

Das ist natürlich die Ansicht eines Sentimentalisten; für den Kunstinteressierten hingegen ist das Museum von Parma vielleicht mit mehr Reichtümern gesegnet, als es der Palast jemals gewesen ist. Allein schon die Correggios sind ein unvergleichlicher Besitz, und die Bildersammlung im allgemeinen ist umfangreich und bunt gemischt; der Reichtum an Bronzen und Marmorstatuen, an Münzen, Medaillen und architektonischen Fragmenten verschiedener Schulen und Epochen wäre außergewöhnlich in jedem anderen Land als Italien, wo die unerschöpfliche Fülle auch kleiner Städte sogar den erfahrensten Reisenden immer wieder überrascht.

Insgesamt ist der Eindruck, den man von Parma mit nach Hause nimmt, unvollständig und verwirrend. Der Name erweckt so viele zusammenhanglose Bilder wie widersprüchliche Assoziationen. Es ist unwahrscheinlich, daß der Reisende, wenn er aus der Ferne seine Erinnerungen an Italien wachruft, ein klares Bild dieses Ortes neben die konkrete Vision wird stellen können, die er von Siena, Mantua oder Vicenza hat. Die Stadt wird nicht als abgeschlossenes Ganzes in seiner Galerie mentaler Vignetten erscheinen, doch im Mosaik einzelner Eindrücke werden seine Gedanken an Parma in einigen reichen und schillernden Fragmenten bewahrt bleiben.

MÄRZ IN ITALIEN

I

Der März ist in mancher Hinsicht der wunderbarste Monat des italienischen Jahres. Es ist der Monat der Übergänge und der Überraschungen, der immer wieder ungestüm einsetzenden Regenschauer mit einem goldenen Herz aus Sonnenschein, der nackten Felder, die sich über Nacht mit Blüten überziehen, und der Hecken, die so plötzlich Knospen treiben wie Tannhäusers Stab. Es ist der Monat, in dem der Reisende aus dem Norden, der den Glauben an die ihm verheißene Milde des italienischen Himmels schon verloren hatte und dem der bittre Winter noch in den Knochen sitzt, auf ein Grüppchen Primeln an einer blattlosen Böschung trifft oder auf eine sich ausbreitende Flamme aus Tulpen in den Gräben eines Olivenhains und so lernt, daß Italien *doch* Italien ist, um sich dann bei dem Gedanken an den schwarzen März jenseits der Berge zu beglückwünschen.

Man muß allerdings zugeben, daß der März sogar in Italien nicht der sicherste Monat für Ausflüge ist. Es gibt noch zu viele Kehrtwendungen zum Winter hin, zu viele launische, zögerliche Sonnenaufgänge, bei denen der Himmel sich weder für noch gegen Regen entscheiden will, nein, sich vielmehr ganz neutral verhält, um dem zaudernden Reisenden, wenn er sich dann doch auf den Weg macht, mit einem scheinbar grausamen Vergnügen zu zeigen, daß er schön zu Hause hätte bleiben sollen. Aber es gibt auch wieder ganz seltene Jahre, in denen ein gütiger Einfluß die Unbeständigkeit des Monats März in Zaum hält und ihn zu einer langen Folge goldener Tage zu mildern weiß, und dann erhält derjenige, der seinen Versprechungen Vertrauen geschenkt hat, eine ganz wunderbare Belohnung. Man braucht schon einigen Glauben an sein Glück, wenn man eine solche Reihe sonniger Tage erwischen will und mit ihnen nach Norden durch das erwachende Land ziehen möchte, doch dann und wann wird dem Italienpilger dieses Glück zuteil, und dann sieht er ein ganz neues Italien, ein Italien, das wegen all der vielen Dinge, die es zu entdecken gibt, ihm ganz allein zu gehören scheint. Die uralte Landschaft des Latiums, so von der Zeit zerfurcht und von Leidenschaften zernarbt, breitet sich vollkommen jungfräulich vor seinen Augen aus, frisch gebadet in Fluten reiner Luft. Die Szenerie scheint von der Imagination neu erschaffen worden zu sein, sie trägt den ursprünglichen Glanz jener

*Towers of fables immortal fashioned
from mortal dreams,* *

die jenseits der Grenzen der Geographie liegen, wie der Oceanus auf den ersten Karten; sie wird, kurz und gut, zu dem Land, in dem alles geschehen kann, nur nicht das, was langweilig, offensichtlich und ohnehin zu erwarten ist.

---

* Türme unsterblicher Fabeln erstanden aus sterblichen Träumen

An einem solchen Märztag ruderten wir durch den Hafen von Syrakus zur Mündung des Anapo.

Unsere braungebrannten Ruderer sprangen über Bord und schoben das flachkielige Boot durch die gischtige Grenzlinie, wo die Bucht und der Fluß aufeinandertreffen, und wir gelangten in die leichte Strömung, die zwischen flachen Ufern mit Schalmeienrohr und Bambus gesäumt dahingleitet. Der Bambus wächst an diesen sizilianischen Gewässern in großen fedrigen Büschen, und die ein wenig eckige Präzision seiner Stämme und seines Blattwerks verbindet sich mit der klassischen Klarheit der Landschaft zu einer schönen Wirkung – einer Landschaft, die, wenn sie sich auch manchmal den Exzessen fast tropischer Vegetation hingibt, doch die griechische Eigenschaft behält, intensive Wirkungen mit einem Minimum an Material hervorzubringen. Es ist nichts Tropisches an den Ufern des Anapo, aber wenn der Fluß eine Biegung macht und enger wird, so gleitet das Boot unter Bögen von ägyptischem Papyrus dahin, diesem schlanken exotischen Schilfrohr, das, so nimmt man an, die arabischen Kolonialherren nach Sizilien gebracht haben und das sonderbarerweise in keinem anderen europäischen Boden gedeiht. Dieser fedrige Tunnel umschloß uns, als wir weiter vorankamen, derart, daß wir über lange Strecken unserer gemächlichen Fahrt nichts sahen als das Gesicht des Flusses, auf dem die Sommerinsekten tanzten, und die ununterbrochene goldene Reihe von Iris an seinen Rändern. Dann und wann gab es jedoch eine Lücke in der Papyruswand, die wie ein Mauerbogen die

Aussicht auf flache Felder mit grasendem Vieh freigab oder auf einen einsamen Bauernhof – geduckt, braun, *tassée*, mit einer Dattelpalme, die bei seinem Brunnenrand in die Höhe schoß –, oder es hob sich plötzlich der weiße Hang des Ätna gegen den Horizont ab.

So kamen wir nach einer langen traumverlorenen Weile an die Quelle des Flusses, die azurblaue Schale der Nymphe Kyane, die ihre reinen Wasser in den breiteren Anapo gießt. Das Versteck der Nymphe ist ein kreisrunder, rietumsäumter Teich, der angeblich so kristallklar ist, daß man sie noch immer auf seinem Kieselboden sehen kann, aber die Frühjahrsregenfälle, die es vor kurzem gegeben hatte, hatten ihr Lager umwölkt, und wenn man in diesem Land der Legenden auch zu allen Zeiten die Nähe verspürt von

*The faun pursuing, the nymph pursued,**

so zeigte Kyanes Quelle doch keine Hinweise auf ihre Gegenwart.

Enttäuscht in unserer Suche kehrten wir um und glitten wieder den Anapo hinunter, um ihre Schwesternymphe, die berühmtere, aber weniger glückliche Arethusa, zu finden, deren trauriges Schicksal es ist, ihre Wellen unmittelbar mit dem brackigen Seewasser des Hafens von Syrakus zu vermischen, wo die arme Kreatur unter der Kaimauer in einem steinernen Gefängnis schmachtet, während ihr Papyruskranz anämisch aus dem schlammigen, mit Grün gefüllten Grund emporwächst.

Wir waren froh, als wir dieser entheiligten Quelle den Rücken kehren und uns der langgestreckten rotbrau-

* dem Faun, verfolgend die Nymphe, die ihn flieht

nen Stadt zuwenden konnten, die sich über dem Hafen ausbreitet. Syrakus, das von Hängen mit blühenden Obstgärten umgeben ist, liegt prachtvoll am befestigten Kamm von Epipolae. Die Stadt ist reicher an Geschichte als irgendeine andere auf diesem üppig ausgestatteten Boden und wird ganz wunderbar treffend durch den griechischen Tempel symbolisiert, der mit dem Mauerwerk einer mittelalterlichen Kirche verschmilzt, doch sogar diese Stadt, übervoll mit Erinnerungen an vergangene Zeiten, konnte uns an einem Tag, der sein Sonnenlicht so verschwenderisch über uns ausgoß, nicht lange in ihren Mauern halten. Diese Mauern, die Einfassungen des griechischen Ortygia, sind jetzt wieder zu den Grenzen einer kleiner gewordenen modernen Stadt geworden, und als wir den Festungsgraben hinter ihnen überquert hatten, fanden wir uns gleich mitten in offener Landschaft. Es lag ein besonderer Charme in diesem plötzlichen Übergang von den alten braunen mit Geschichte durchtränkten Straßen, zu dem klaren lächelnden Land, wo nur der Frühling seine Geschichte geschrieben zu haben schien – seine immer wiederkehrende, immer neue Erzählung von Blatt und Blüten, die wie durch ein Wunder neu hervorbrechen. Die Gegend um Syrakus ist wie dazu gemacht, dieses Prinzip der Erneuerung beispielhaft auszuleben. Das Land breitet sich in sanften Hängen aus, reich bedacht mit einem Morgen blühender Obstbäume nach dem anderen und mit alten Olivenhainen, in denen lilafarbene Anemonen Raum finden, ihre nicht enden wollenden Blütendecken auszubreiten. Die offenen Weiden tragen ein Gefieder aus silbernen Asphodelen, und jeder Hof hat seinen schimmernden Orangenhain,

der von der Straße durch einen Schutzwall aus Feigenkakteen abgezäunt wird.

Auf der Straße selbst drängten sich, als wir nach Epipolae hinausfuhren, die Bauersleute in Scharen; sie hätten ohne weiteres die Nachfahren der Nymphen und der
sterblichen Schäfer Theokrits sein können, braunhäutige
Menschen mit schrägen achatfarbigen Augen, die ganz
zugestaubt hinter ihren Ziegen oder Eseln dahintrotteten
oder in ihren kleinen blauen oder roten Karren, die mit
Bildern aus Heiligenlegenden oder aus den Geschichten Ariosts bemalt waren, stadtwärts holperten. Nach
ein oder zwei Meilen machte die Straße langsam eine Biegung nach oben, und wir konnten allmählich ein wenig
weiter schauen. Zu unseren Füßen lag Syrakus, eingefaßt
von den Plemmyrischen Sümpfen und von den Feldern
und Obstgärten, die einstmals die belebten griechischen
Vorstädte von Neapolis, Tyche und Achradina waren;
und hinter dem Hügelkamm von Epipolae und den näher gelegenen Hügeln erhob sich der Ätna weiß und alles
beherrschend gegen den blassen Streifen der kalabri-
schen Küste.

Das Kastell Euryelos auf dem Kamm von Epipolae
könnte man ein griechisches Carcassonne nennen, denn
es ist das am besten erhaltene Beispiel von Militärarchi-
tektur des Altertums in Europa. Jemand, der Sinn für Ar-
chäologie hat, kann in den Unmengen gefallener Steine,
die den Ort dieser Ruine einfassen, noch immer Bogen-
gänge, Galerien, massive Treppen und lange unterirdi-
sche Gänge erkennen; und sogar wer nur zum Vergnügen reist und nichts von militärischen Konstruktionen
versteht, wird eine plötzliche Nähe der Vergangenheit

Syrakus, Blick auf die Uferpromenade

spüren, wenn er auf die in Felsen gehauenen Höhlungen stößt, an denen die Reiterei ihre Pferde festmachte.

Euryelos hatte jedoch mehr Glück als Carcassonne, denn ihm blieb die renovierende Hand eines Viollet-le-Duc erspart, und seine zerstörten Wälle liegen in von der Zeit milde gewordenen Trümmern auf dem Rücken des Kamms, es wachsen auf ihnen wie Federn die zarten Pflänzchen, mit denen in den Ländern des Mittelmeers die gefallenen Werke des Menschen umhüllt werden, ohne daß sie verborgen würden. Und gerade an diesem Tag hatte die verschwenderische Blüte des sizilianischen Märzes den Boden mit einer Farbenflut bedeckt, die sogar die mächtigen Ruinen der Festung zu einem bloßen Hintergrund für den Triumphzug des Frühlings werden ließ. Von den hochgewachsenen Silhouetten der Asphodelen, klassisch in ihren Konturen wie in ihrem Namen, bis zu den Ranken der scharlachroten und gelben Wikken, die kapriziös die alten Steine wie ein geflochtenes Gitterwerk mit Fäden von üppiger Farbe bedeckten, war jeder Zentimeter des Bodens und jede Ritze im Mauerwerk überwuchert mit einem zarten, wilden Flechtwerk aus Blättern und Blüten.

Aber demjenigen, der Sizilien zum erstenmal im Monat März sieht – dem Herzmonat des sizilianischen Frühlings –, muß es auch wie ein ungeheuer großer, grenzenlos wildwachsender Garten erscheinen. Die Anziehungskraft von Architektur und Geschichte verblaßt vor der ungeheuren Herrlichkeit des nicht zu bändigenden Bodens. Die Mauern und die Türme, sie werden bleiben – aber diese vergängliche Schönheit muß man im Fluge erfassen. Und deswegen wandten wir uns nach den

Hängen von Euryelos der noch reicheren Fülle in den Gärten am Stadtrand zu. Die Straße, die wir hinabfuhren, säumten Hunderte von Frühlingsblumen – Anemonen, Lupinen, Lappenblumen, Storchschnabel, Löwenmaul und die duftende wilde Reseda –, sie verbanden so die unkultivierte Landschaft mit der reichen Gartenkultur der Vorstädte; in den Gärten aber erreichte die Vegetation derart tropisch exzessive Ausmaße, daß die Erinnerungen des Reisenden an den Frühling in Syrakus zu einem nebelhaften Eindruck von goldbraunen Ruinen werden müssen, die in einem Blütenmeer versinken.

Gärten gibt es, wohin man schaut, Gärten aller Arten und Klassen, von der Bauernhütte mit einer Hecke aus rosa Geranien bis zur Villa mit subtropischen Gewächsen auf unterschiedlichen Terrassen, aber die wunderbarsten, und unerwartetsten, sind doch die berühmten Gärten in den Steinbrüchen. Die Zeit hat vielleicht nie etwas Poetischeres getan, als diese kahlen schattenlosen Gruben, wo die griechischen Gefangenen aus Salamis unter den Peitschenhieben der sizilianischen Sklaventreiber und den Pfeilen der sizilianischen Sonne starben, in tiefe und kühle Brunnen des Schattens und des Grüns zu verwandeln. Hier, wo die Reiterei von Athen vor Hitze und Durst umkam, ergießt sich ein feuchter Mantel aus Blattwerk über die roten Felsenwände, füllt die Tiefen mit der grünen Frische des Dämmerlichts und löscht wie eine barmherzige Hand auf einer brennenden Stirn die Erinnerungen an das Martyrium in der feurigen Sonne. Und diese Steinbrüche lassen sich ebensogut dazu verwenden, Blumen hervorzubringen, wie man in ihnen Menschen quälen konnte. Die gleichmäßige Wärme dieser geschützten Schluchten ist der Vegetation so geneigt, wie sie verhängnisvoll für menschliches Leben war; und überall da, wo sich Erdboden angesammelt hat, auf den Felsvorsprüngen und in den Mulden, läßt »das Blut der Märtyrer« üppiges Wachstum zum Himmel sprießen.

An den Rand einer dieser Höllengruben hat man ein Kloster gebaut, an einem anderen steht eine Villa, und monastische wie weltliche Hände haben die Seiten der Steinbrüche in Gärten von phantastischer Schönheit verwandelt. Pfade und felsige Treppen, die von Farn umsäumt werden, winden sich steil von der Oberwelt nach unten, machmal führen sie durch Tunnel aus dicht wachsenden Zypressen und Olivenbäumen, manchmal ziehen sie sich an Klippengängen entlang, an denen der Efeu wie ein Wasserfall in die Tiefe stürzt oder an denen büschelweise die gelbgrünen Dornen und die scharlachroten Lanzen gigantischer Kakteen wachsen. In den Tiefen, wo sich mit der Zeit ein unglaublich fruchtbarer Boden angesammelt hat, wird die Vegetation gewaltig, geradezu fieberhaft, wie in dem Deliriumsgarten in Emile Zolas *La faute de l'Abbé Mouret*. Hier winden sich die Wege durch Haine mit Orangen und Zitronenbäumen über einen dichten Teppich aus Veilchen, Levkojen, Narzissen und honigduftenden Hyazinthen. Spaliere mit roten Rosen lassen ihr Netzwerk dem Licht entgegenwachsen, und feuchte Spalten im Felsen borden über von herabtropfendem Frauenhaarfarn. Hier trifft man auf hohe Hecken aus blauem Rosmarin und rotgoldener Sammetmalve, dort auf buschige Massen von Hundskamille, Heliotrop und Lavendel. Über unseren Köpfen strecken sich schwarze Zypressenlanzen aus einem strahlend-

Anguillara am Lago di Bracciano

hellen Meer von Blättern, und an den Rändern der Grube, über die sich die Bürger von Syrakus mit weißen Sonnenschirmen zu lehnen pflegten, um die Gefangenen, die in der Sonne starben, zu verhöhnen, hebt sich wie zum Spott eine große Hecke aus Feigenkakteen in Schlangenlinien vom Himmel ab.

III

An eben so einem Tag machten wir uns um die Mittagszeit von Rom aus auf den Weg nach Caprarola.

Die stille Luft hatte etwas Perliges, und ein bläulich-violetter Dunstschleier hing über den Hügeln. Unser Weg ging in nordwestlicher Richtung zu den Monti Cimini. Als wir erst einmal durch die Stadttore hindurch waren, startete unser Automobil zu einem gleichmäßigen schnellen Tempo über die weiße Landstraße, zunächst an Mauern von Weinbergen und Gärten entlang und dann durch die graue öde Weite der Campagna. Die römische Ebene gehört zu dem Typus von Landschaft, der die Vielfalt in der Einförmigkeit bietet. Wenn man sie von den Höhen der Stadt aus sieht, so erstreckt sie sich in silbriger Eintönigkeit in alle Richtungen des Kompasses, aber wenn man näher hinschaut, lassen sich ein Dutzend verschiedener Physiognomien in ihr entdecken. Nach Frascati und den Albaner Bergen hin trägt sie das wohlgeordnete Gewand der Fruchtbarkeit: Weizenfelder, Weingärten und Olivenhaine. Südöstlich, in die Richtung der Sabiner Berge, sind ihre weißen vulkanischen Weiten mit einem dunklen Dickicht von büschlig-störrischen, widerwillig wuchernden Gewächsen bedeckt, während der

Agro Romano nach Westen auf Monterosi und Soracte zurollt, sein Weideland mit der Jahreszeitenfolge verändernd, gesprenkelt mit Hügelchen und Senken.

Als wir die Vororte von Rom verlassen hatten, offenbarte sich nach und nach die Großartigkeit dieser strengen Landschaft. Zu unserer Rechten und zur Linken erstreckte sich das Land in endlosen grasbedeckten Weiten, die hier und dort von einem einsamen Grabstein oder von dem hohen Eingangstor eines verlassenen Weinbergs bewacht wurden. Schließlich begann die Straße sich auf und ab zu bewegen und ermöglichte uns durch ihren allmählichen Höhenanstieg weite Ausblicke über eine größere Gruppe von Hügeln, die nach Nordwesten auf die Ciminischen Wälder zu dahinrollt, im Osten auf die verschleierten Wälle der Sabinischen Hügel. Vor uns dehnten sich dieselben Bodenwellen aus, ohne daß ein Ende abzusehen gewesen wäre, und die Straße hob und senkte sich mit ihnen; einmal war sie in ein Landschaftstal eingesenkt, dann wieder wurde sie auf einem entfernteren Hang in Sichtweite gehoben, wie ein Lichtstreifen auf bewegter See. Es war etwas sonderbar Belebendes in dem Ruf dieser dahineilenden Straße. Aus immer weiteren Fernen schien sie uns Zeichen zu geben, lockte uns von Hang zu Hang und eilte uns voraus die langen Abwärtsstrecken hinunter, wo der Wagen hinter ihr herhetzte wie ein Rudel, das eine Spur aufnimmt.

Eine Zeitlang lenkte uns diese spannende Jagd von dem ab, was wir im näheren Vordergrund sehen konnten, aber nach und nach überkam uns ein Gefühl von weitem Raum und Ruhe, von sonnengebadeten unebenen Feldern, in deren Senken schwarzes Vieh graste, während hier und dort ein befestigter Hof seine massige Gestalt gegen den Himmel abhob. Diese Festungshöfe in der Campagna, die trutzig und einsam zwischen den friedlicheren Ruinen des vorchristlichen Roms stehen – zwischen Grabsteinen, Aquädukten und Villen –, erinnern an das dunkle Zeitalter, das auf den Trümmern der Zivilisation des römischen Imperiums erwuchs. All die Gewalttätigkeit und die Brutalität der mittelalterlichen Stadt, mit ihren großen adligen Herren, die sich beständig in irgendwelchen Revolten befanden, mit ihren Päpsten, die in den Mauern des Laterans entweder Ränke schmiedeten oder zittern mußten, oder gar gefangene Kardinäle hierhin und dorthin verschleppten, je nachdem wohin der Kaiser oder der französische König seine Truppen bewegte – all die geheimnisvollen Verbrechen aus Leidenschaft oder Habgier, die Intrigen, Hinterhalte, Massaker, deren Blutgeruch aus den Seiten der alten Chroniken aufsteigt, scheinen in den finster drohenden, braunen Gebäudekomplexen mit ihrer zinnenbewehrten Kontur ein Symbol gefunden zu haben, so wie sie sich auf einer Kuppe des verwüsteten Landes ducken, das zu verheeren seine eigenen Herren geholfen haben.

Schließlich unterbrach ein blaues rundes Gewässer, der kleine See von Monterosi, die endlose Spanne der Hügel, dann hatten wir im Nu das kleine Dörfchen mit demselben Namen durchquert, das nur aus ein paar Häusern an der Straße bestand, und weiter ging es in eine Hügelregion, wo Hecken und Gehölze die braunen Büsche der Campagna ersetzten. Wir fuhren weiter und weiter immer bergan zu der Stadt Ronciglione, die, wie viele Städte in dieser bergigen Region, direkt über dem

Rand einer Schlucht schwebt und ihre Barockkirchen und stattlichen, langsam verfallenden Paläste an der einen steilen Straße aufreiht bis zur Kante eines hochaufragenden kleinen Berges hin.

Über dieses Plateau, das von dem aufblühenden Ginster golden schimmerte, schossen wir dahin zu der nächsten Anhöhe, und hier hielten wir an, um das Schauspiel zu genießen – unter uns zur Linken lag der blaue Vulkansee von Vico in seinem eichengesäumten Krater, zur Rechten, weit unten, die Ebene von Etruria, in der verstreut antike Städte zu erkennen waren und die ein Bergring umgab, auf dem sich noch da und dort der Schnee hielt, und aus der Mitte der Ebene erhob sich Soracte, stolz, alterszerfurcht und einsam, mit den Ruinen des Klosters Sant'Oreste, die man noch gerade eben auf ihrem Kamm erkennen konnte.

Von diesem hochgelegenen Aussichtspunkt ging es abrupt bergab auf einer Straße, die in die roten Böschungen aus Tuffstein geschnitten worden war. Schließlich begleitete uns auf dem Tuffkamm zu unserer Linken eine hoch sich auftürmende Mauer, die sich mit festem Griff an die Felsflanken klammerte und überwachsen war mit dunklem Efeu und den Stümpfen blattloser Bäume – eine dieser unregelmäßigen italienischen Mauern, die über verborgene Schätze aus Duft und Grün wachen. Diese Mauer verlief weiterhin parallel zu unserer Straße, bis ein steiler Abstieg uns zu einem gepflasterten Platz brachte, von dem auf der einen Seite jäh die Dächer einer Stadt abfielen und über dem auf der anderen Seite die großen Auffahrten und Terrassen eines fünfeckigen Palastes auf dem höchsten Sims des Felsens zu balancieren schienen. Das war unsere erste Ansicht von Caprarola.

Nie und nirgendwo hat jemals eine feudale Gebäudekonstruktion so anmaßend ihre Besitzungen beherrscht. Der Palast des großen Farnese-Kardinals scheint sich nicht nur als Herr über die goldbraune Stadt aufzuspielen, die so eine Art Fußstuhl für ihn abgibt, sondern über die ganze weit sich ausbreitende etrurische Ebene, über die Wälder und über die Berge am Horizont: über Nepi, Sutri, Cività Castellana und über den einsamen Stolz von Soracte. Und die großartige Lage hält sich mit der Arroganz des Gebäudes die Waage; das hier ist keine Villa, sondern ein befestigter und mit einem Burggraben umgebener Palast oder, besser gesagt, eine Festung, die mit den neuesten Erkenntnissen der Militärwissenschaft dieser Zeit geplant, aber auf dem Grundriß eines Palastes gebaut wurde. Doch an einem Märztag wie diesem, mit den braunen Eichenwäldern im Vordergrund, durchbrochen und gesäumt von rosiger Mandelblüte, mit dem Dunstschleier des Frühlings, wie er schmelzend weich am Horizont Tiefe um Tiefe blauer Berge sehen läßt, mit den Märzwolken, die sich über unseren Köpfen jagen und Streifen aus Schatten und Schauer silbrigen Lichts über die Wellen der Ebene werfen – an solch einem Tag scheint sogar der anmaßende Farnese-Burgturm, trotz seiner Gärten, Fresken und seiner ganzen architektonischen Glorie nicht mehr der Herr über die Landschaft zu sein, sondern nur ein Aussichtspunkt, von dem aus sich die weiträumige Herrlichkeit zu unseren Füßen betrachten läßt.

Die Fahrt von Viterbo nach Montefiascone geht über das Hochplateau zwischen dem Monte Cimino und dem Bolsena-See.

Die meiste Zeit über ist die Landschaft die der Hirten und Bauern, ab und zu sieht man ein Eichenwäldchen, das im März noch seine Blätter hat; an diesem launischen Märzmorgen, der Regen in seinen wandernden Wolken für uns bereithält, folgen die pflügenden Bauern ihren weißen Ochsen unter Schirmen, die so lebhaft grün sind wie der junge Weizen. Die plötzlich auftauchenden landschaftlichen Höhepunkte, die so typisch sind für den Weg von Rom nach Caprarola, gibt es hier nicht, und es erscheint nur passend, daß diese prosaische Straße in dem eher verhaltenen Tempo einer Postkutsche aus Viterbo hinter zwei schwerfällig dahintrottenden Pferden zurückgelegt werden muß. Doch so schwerfällig sind die Pferde gar nicht, sie schaukeln uns in ganz frischem Schritt die kurzen abfallenden Strecken in dem welligen Gelände entlang, das jetzt wilder und abwechslungsreicher wird, mit kleinen Waldstückchen, in denen verstreut heidekrautartiger Bewuchs niedriger, duftender Sträucher auftaucht. Hier liegt ein dichter Teppich aus Primeln auf den Böschungen, das blaue Immergrün und die Veilchen schauen vorsichtig durch die Efeuschleppen der Hecken, aber die Bäume haben noch keine Blätter, denn dies ist eine hochgelegene, windige Region, wo der März wenige seiner milderen Künste ausübt. Es ist auch ein einsames Land: es sind keine Dörfer und nur wenige abgelegene Bauernhöfe zu sehen, als wir auf und ab dahinholpern über die eintönig wellige Straße bis zum Fuß von Montefiascone.

Die Stadt hängt prachtvoll über uns, auf einem Gebirgsvorsprung über dem Bolsena-See; ein langer Aufstieg zwischen Festungsmauern führt uns zu dem Gipfel, auf dem sich ihre Gebäude drängen. Durch die Regenschleier, die der Himmel jetzt herabläßt, wirken die verwinkelten Straßen mit ihren Bögen und den alten schwarz gewordenen Steinhäusern nicht eben beeindruckend, wenn auch sicherlich ein heller Tag ihnen das latent Malerische entlocken würde, das man nie lange suchen muß, wenn italienische Baukunst und italienisches Sonnenlicht sich zusammentun. Inzwischen hält der Regen jedoch an, und die Umgebung von Montefiascone bleibt so beharrlich verhangen, daß, was uns betrifft, die Stadt auch in einem »Nirgendwo« liegen könnte, wie die berühmte Szene in Baileys Faustgeschichte *Festus*.

Durch die regengedämpfte Luft fahren wir wie mit verbundenen Augen schließlich dieselben Windungen hinab durch die Stadttore und kommen von dort auf der Straße nach Bagnorea zu der trostlosen Kirche San Flaviano, die ganz für sich in einer Senke unter den Stadtmauern liegt. Bei unserem hastigen Lauf von der Kutsche zur Tür bleibt gerade genug Zeit, um einen Eindruck von einer gewaltigen alten Ziegelsteinfassade zu erhaschen, die entstellt und vernarbt ist von einem Alter, daß nur der romanische Sinn für Altertümlichkeit die Worte hätte, so etwas zu beschreiben – da sind wir auch schon in einem höhlenartigen Innenraum mit flachen Bögen und Fresken, die hier und dort geisterhaft aus dem ansonsten weißgetünchten Hintergrund auftauchen, und über dem Chor befindet sich eine ausgedehnte Galerie oder Oberkirche, die aus dem niedriger gelegenen Gebäude eine Art Krypta über der Erde macht. Und hier – oh, Ironie des Schicksals! –, in dieser alten, verlassenen und von Feuchtigkeit triefenden Kirche unter einer abgenutzten Steinplatte vor dem verlassenen Altar (denn die Messe wird nur noch in der oberen Kirche gefeiert) – hier liegt, ein von beiden Welten, könnte man sagen, Ausgestoßener, der lebenslustige Sprößling einer berühmten Familie, der weinliebende Bischof Fugger, dessen Lust an Gaumenfreuden ihn zu diesem einsamen Ende brachte. Es wäre unmöglich, durch Montefiascone zu fahren, ohne eine Träne der Erinnerung über dem klassischen Est-Est-Est zu vergießen, über dem bis vor kurzem ein gutes Faß Montefiascone jedes Jahr zum Gedenken an das Ende des Prälaten angeschlagen wurde; und doch erfüllt einen fast Bedauern, daß man eine so von Kälteschauern geprägte Erinnerung an das Schicksal des armen Bischofs mit sich nimmt, daß man ihn in der Einsamkeit dieser eisigen Vorhölle lassen muß, die eine unangemessene Strafe für seine liebenswerte Schwäche zu sein scheint.

Wir verlassen San Flaviano und beeilen uns nach Orvieto zu kommen, ständig durch einen ununterbrochenen Regenschleier fahrend. Die langen öden Meilen hinterlassen keine Spuren in der Erinnerung, und wir befinden uns noch immer in einer Zwischenregion aus Wald, Weiden und in Regen gehüllten Hügeln, als der andauernde Guß endlich aufhört und erste Sonnenstreifen zaghaft durch die Wolken dringen. Fast im gleichen Moment bringt uns eine Bodensenke in der Straße an

Fassade des Doms von Orvieto

eine lange Abfahrt, zu deren Füßen sich eine wellige Ebene erstreckt, und oben über dieser Ebene sitzt auf einem Felsen eine grimmige braune Stadt, mit Mauern, Türmen und Zinnen, die so wirkt, als sei sie wie ein gewaltiger Raubvogel vom Himmel gefallen und hätte ihre Krallen in den Felsen geschlagen. Um die ganze Ebene herum erhebt sich im wäßrigen Abendlicht eine Hügelreihe, wobei der Gipfel des Monte Amiata den Hügelkreis überragt; die näher gelegenen Hänge sind mit Olivenbäumen und Zypressen bedeckt, mit Schlössern und Klöstern, die auf ihren Simsen hervorragen, und genau vor uns können wir eine gebogene Brücke über einer Schlucht erkennen, die mit ihrer Baumgruppe beim Näherkommen eine Tür in unserer Erinnerung öffnet und uns von der wirklichen Szenerie zu ihrer bildlichen Darstellung führt – zu Turners »Straße nach Orvieto«.

Das Bild ist wirklich von diesem Punkt aus gemalt worden, und wenn man die Landschaft anschaut mit ihrer stürmischen Mischung aus Sepia-Tönen, die vom blassen Sonnenlicht durchtränkt werden, sieht man in ihr die Rechtfertigung für Turners Kunst, den echten Impressionismus, der nicht in der phantasielosen Wiedergabe tatsächlicher »Teilchen« besteht, sondern in der Rekonstruktion einer Szene, die in die Gußform des Gedächtnisses eingeflossen ist und in der Verschmelzung fragmentarischer Tatsachen zu einem homogenen Ganzen wird. Das ist es, was Turner mit dem Blick auf Orvieto von der Straße von Bolsena aus gemacht hat, er hat den Geist der Szene so zusammengefaßt und gedeutet, daß der Reisende, der bei der gebogenen Brücke über dem Tal innehält, den Sinn für die Grenzen zwischen

Kunst und Leben verliert und sich für einen Augenblick in jener mystischen Region befindet, wo beide eins werden.

V

Unsere Freunde und Ratgeber hatten uns über Jahre hinweg davor gewarnt, Vallombrosa im März zu besuchen, in dem Monat, der uns am öftesten in der Toskana sieht.

»Wartet bis Juni«, hatten sie uns geraten, und da wir wußten, wie komplex die Eindrücke sind, die zu dem berühmten »Italiengefühl« gehören, und wie die ganze Mixtur ihren besonderen Geschmack verlieren kann, wenn auch nur eine Zutat fehlt, warteten wir gehorsam bis Juni. Aber einen Juni in Florenz schien es für uns nie zu geben – »Tag und Ort« schienen sich in unserem Horoskop genau wie bei Shakespeare nie zu treffen, und deswegen beschlossen wir in einem Jahr, als der März schon ein wenig April spielte, uns seine Laune zunutze zu machen und das abenteuerliche Risiko einzugehen.

Wir machten uns in aller Frühe auf den Weg, in dieser glatt polierten Morgenluft, die wie mit dem feinen Stichel eines Kupferstechers über Nacht jede Linie der toskanischen Landschaft nachzuziehen scheint. Die Eisenbahnlinie verläuft in südlicher Richtung am Tal des Arno entlang bis Sant'Ellero; wir hätten auch durch den zartradierten Hintergrund eines Bildes von Mantegna oder Robetta fahren können, in dem die klaren blassen Farben des Vorfrühlings allein durch das subtile Zusammenwirken der Linien zustande kommen. Dieses toskanische Hügelgelände, für das es, was die Reinheit der

Formen angeht, nichts Vergleichbares gibt, von Griechenland einmal abgesehen, kommt im März am besten zur Geltung, wenn die Gestaltung der Landschaft noch nicht durch Blattwerk verschleiert wird und jede Linie noch zählt wie die Silberfäden in einem *niello*.

Von Sant'Ellero, wo der Zug gegen eine kleine, primitiv konstruierte Drahtseilbahn ausgetauscht wird, wurden wir ruckartig von einer ächzenden Maschine bergan geschoben, die ständig mit großen Wassermengen aus den Tanks am Wegesrand erfrischt werden wollte. An solch einem Tag ist es jedoch unmöglich, sich über das langsame Tempo des Aufstiegs zu beklagen. Als es weiter bergan ging, entwickelte sich das Land unter uns mit dieser weitreichenden Präzision im Detail, die ausgedehnten Blicken in Mittelitalien einen sonderbar präraffaelitischen Charakter verleiht – als wären sie von einer Hand ausgeführt worden, deren ganze Liebe den scharfen Umrissen gehört und der die Begabung für allgemeinere Effekte völlig fehlt. Der junge Weizen, der unter den Olivenbäumen zu wachsen begann, gab die einzige starke Farbnote ab; alles andere hatte das Sepia-Braun frisch gepflügter Erde, das Grau-Braun der Bauernhäuser mit ihren Wetterflecken und der Glockentürme in den Dörfern, das Gold-Schwarz der störrischen Zypressen, die sich in geraden, endlosen Reihen die Hügel hinaufzogen; und dann gab es noch den zarten rosigen Hauch der Pfirsichblüte gegen die grauen Olivenbäume.

Dann erreichten wir eine neue Höhe, und die Details des Vordergrunds verloren sich in der ungeheuren Entfaltung der Fernen – Hügel auf Hügel, deren Linien manchmal von Olivenhainen verwischt wurden, manchmal nackt und gestochen scharf waren mit Einsprengseln von Bauernhäusern auf den Hängen und hier und dort einem Wachtturm auf einem vorspringenden Sporn; und über diese hinaus wieder ein bewegtes Meer von Erhebungen, deren entfernteste Wellen noch Schnee auf ihren Kämmen trugen. Auf halbem Wege machten die steilen Hänge mit Eichenwald, die wir umgangen hatten, einem Plateau Platz, das ganz in Weinstöcke und blühende Obstgärten gehüllt war; dann brachte uns ein weiterer tüchtiger Anstieg durch Eichengebüsch, über die ausgetrockneten Flußbetten der Gebirgsbäche und über Hänge mit Ginster und Heidekraut auf den höchsten Felssims, wo die Eisenbahnstrecke endet. Auf diesem Felskamm steht das trostlose Dorf Saltina – ein trauriges Grüppchen unfertig aussehender Häuser, die wie Schachteln auf einem Regal aufgereiht zu sein scheinen (darunter ein Hôtel Milton), während im Hintergrund ein paar Schweizer Chalets unglückselig auf einem baumlosen Hang verteilt sind. Saltina muß schon mitten im Sommer reizlos und tot wirken, im März ist es ein Ort, von dem man so schnell wie möglich fliehen möchte. Das Tempo unserer Flucht wurde jedoch von dem gemütlichen Gang eines kleinen weißen Esels gebremst, der das einzige *bête de somme* war, das man so früh im Jahr mieten konnte, und hinter dem wir langsam die vorspringende Felskante umrundeten, um in das säulendurchbrochene Dämmerlicht des großen Tannenwalds einzutreten. Die Straße führte über ein oder zwei Meilen durch diesen Wald und brachte uns direkt ins Innerste des etrurischen Schattenlandes. Auf unserem Weg sahen wir Seitenpfade links und rechts von ihm abzweigen und unter tiefen grünen Tunneln die Hügelflanken hinaufsteigen; zuletzt kamen wir zu einer weiten rasenbewachsenen Senke, wo die großen Bäume zurückbleiben und Platz für das Kloster und seine angrenzenden Gebäude lassen.

Der Hauptgebäudekomplex blickt auf einen ummauerten Eingangshof mit Wegen, die von Buchsbaum eingefaßt sind und die zu dem Portico der Kirche mit seinen schönen Arkaden führen. Hinter diesen Gebäuden erhebt sich auf einem steilen Abhang ein Wald, auf dessen höchstem Punkt sich eine Einsiedelei befindet – das Paradiso –; doch davor liegt noch eine weite offene Fläche, auf der verstreut uralte Bäume stehen und wo sich ein mit Steinen begrenzter Fischteich und grasbewachsene Wege finden, die zu moosigen engen Tälern mit den Gemurmel von Bächlein in ihren Tiefen führen. Dem Kloster gegenüber steht das niedrige Gebäude, wo früher die Pilger wohnten, und das jetzt, ohne daß sich viel mehr geändert hätte als der Name, das Albergo della Foresta geworden ist, während man das Kloster in eine staatliche Forstwirtschaftsschule verwandelt hat.

Da eine Veränderung nun einmal unumgänglich war, ist es ein glücklicher Zufall, daß man eine Waldschule in diesem ehrwürdigen Schattenland untergebracht hat und die grüngekleideten Forstfachleute in die Umgebung schickt, um die Wirtschaft der Mönche weiterzuführen. Bestimmt ist der unvermeidliche Wandel der Zeit nirgendwo sonst mit so taktvoller Hand an das angepaßt worden, was noch von früher übriggeblieben ist. Das Kloster Vallombrosa hat weder den entseelten Charakter eines *monument historique* noch diese Aura von Entweihung und Verfall, die leider oft mit veränderter Nutzung einhergeht. Es hat sich seine Atmosphäre meditativen Friedens erhalten, und die Grüppchen von Studenten, die mit Kontrollinstrumenten und landwirtschaftlichen Geräten durch den Wald huschen, scheinen die legitimen Nachfolger der Mönche zu sein.

In Florenz hatte man uns gesagt, daß der Winter die Berge noch fest in seinem Griff halten würde, daß wir in den schattigen Bodensenken noch auf Schnee treffen würden und auf einen eisigen Wind von den Gipfeln. Aber die Frühlingsluft folgte uns bis in die Höhen. Durch die herrlich duftenden Tannenzweige fiel schräg das Sonnenlicht und war ebenso warm wie auf den mit Stechpalmen gesäumten Wegen in den Boboli-Gärten, und die offenen Hänge beim Kloster hatten sich mit einem rosalila Hauch von Krokussen geschmückt – nicht hier und dort ein paar in verstreuten Trüppchen oder wie kleine Sterne auf dem Gras wie im Vordergrund der Bilder von Mantegna und Botticelli, sondern so dicht beieinander, daß sie ein ununterbrochenes Farbkleid abgaben, eine fliederfarbene Flut, die den Rasen überströmte und durch die alten Baumstämme hindurchfloß, sogar bis hin zu den dunklen Rändern des Waldes. Es war wahrscheinlich gerade der Moment im Jahr, an dem der Wald in Farbe ausbricht, seine Stunde der Verwandlung – wir hätten jede andere Jahreszeit ausprobieren können und hätten doch das Märzwunder von Vallombrosa verpaßt. Zuerst war das Auge geblendet von diesem gewaltigen Feld mit dem lila Kleid und konnte nichts aufnehmen als die zarteren Anzeichen des Frühlings, aber schließlich fanden wir den Weg in die tiefergelegenen engen Täler, wo es keine Krokusse mehr gab und sich blaßgelbe Primeln über efeuumrankte Böschungen bis ganz an den Rand achatfarbiger Bäche ergossen. Auch im Wald entrollten Farne ihre Blätter und Veilchen kämpften sich durch die dichten Matten aus Tannennadeln, während die Terrassen der Klostergärten, die sich den Hügel beim Kloster hinaufziehen, mit dem Duft von blühendem Buchsbaum und von den Tulpen- und Narzissenbeeten erfüllt waren.

Die Luft lud zum genußvollen Verweilen ein, lud dazu ein, die gespeicherte Wärme einer unvorstellbaren Zahl von Frühlingen einzuatmen, aber der kleine Esel wartete zwischen den Deichseln seiner *calessina*, und wir wußten wohl, daß auf dem Bergsims von Saltina unsere Maschine vor ihrem Abstieg schon ihre letzten Wasserschlucke zu sich nahm. Widerwillig trotteten wir durch den Wald zurück, und als wir unsere alten Sitze im Zug wieder eingenommen hatten, tauchten wir hinab in eine See aus lichtdurchschienenen Bergen und Tälern, die im Dunst badeten, eine weite Folge hell bestrahlter Höhen, die in unmerklichen Abstufungen in die bernsteinfarbenen Tiefen der Luft übergingen, während unter uns die Schatten wuchsen und der Arno weiß im Dämmer des Abends leuchtete.

MALERISCHES MAILAND

I

Es ist schwer zu sagen, ob die Standardaussage des Standardtouristen – »in Mailand gibt es so wenig zu sehen« – eher auf den Sprecher zurückfällt und ihn lächerlich macht oder auf Italien und etwas über seinen Reichtum aussagt. Daß ein solches Urteil überhaupt möglich ist, sogar bei einem völlig uninformierten Reisenden, läßt auf eine Überfülle von Eindrücken schließen, wie sie kein anderes Land bietet, denn auch bei einem ganz hastigen Überblick könnte man Mailand kaum als uninteressant bezeichnen, würde man es mit irgend etwas anderem vergleichen als mit italienischen Städten. Sogar im Vergleich mit diesen muß es nur bei einer oberflächlichen Einschätzung zurückstehen, denn Mailand hat den ganzen Reichtum dessen, was die besondere Schönheit Italiens ausmacht, im Gegensatz zu den Pseudo-Gotizismen, den Spitztürmchen und Fialen jenseits der Alpen, die Ruskin eine unterwürfige Schule von Kunstkritikern als typischen Ausdruck des italienischen Geistes der Gotik anzusehen lehrte. Die Reisebücher, seit langem daran gewöhnt, ihren Liebigs-Extrakt für den Kunstbereich aus den Veröffentlichungen dieser Kritikerschule herauszuziehen, haben diese Tradition am Leben erhalten, indem sie sich nur über die Kunstdenkmäler auslassen, die dem Ideal der Senkrechten entsprechen, und indem sie geradezu entschuldigend von der »Monotonie« und der »regelmäßigen Form« Mailands sprechen, als wollten sie den Reisenden vorsichtig mit der Vorstellung versöhnen, daß es nun einmal nicht wie Florenz oder Siena aussieht!

Seit einiger Zeit jedoch hat eine neue Schule von Kunstgeschichtlern, unter denen vor allen anderen Mr. J. W. Anderson und von den deutschen Autoren die Herren Ebe und Gurlitt genannt werden müssen, diese Verschwörung des Schweigens durchbrochen und auf die essentiell italienische Kunst der Nachrenaissance aufmerksam gemacht, auf eine Periode der Kunstgeschichte, die von Michelangelo bis Juvara in der Architektur und der Bildhauerei (wenn auch seltener im Bereich der Malerei) mit einer ganzen Reihe bemerkenswerter Namen aufwarten kann. Auch Signor Franchettis wunderbare Monographie über Bernini und der kürzlich erschienene Band über Tiepolo in der Knackfuss-Reihe der Künstler-Monographien haben ihren Anteil an dieser Umschichtung der Wertmaßstäbe; jetzt ist es dem Reisenden möglich, den Lauf der italienischen Kunst mit der Unvoreingenommenheit zu überblicken, die nötig ist, um sie wirklich genießen zu können, und zum Beispiel den Turm von Mangia zu bewundern, ohne deswegen den Consulta-Palast mit Verachtung zu strafen.

II

Und doch, kann man fragen, selbst wenn Mailand bei einer emanzipierten Beurteilung mehr Interesse weckt, erscheint es auch malerischer? Das Malerische, das Pittoreske ist es schließlich, was der Italienpilger vor allem sucht; und dabei ist die Vorstellung von dem, was pittoresk ist, eine rein germanische, mit der man gotische Spitztürme, Pfefferstreuertürmchen und das ungeordnet gedrängte Steilaufragende der mittelalterlichen Städte des Nordens verbindet.

Italien bietet wenig, und Mailand schon gar nichts, um diese Bedürfnisse zu stillen. Das romanische Ideal fordert Weite, Ordnung und noble Entwürfe. Aber folgt denn daraus, daß das Malerische unvereinbar mit diesem Ideal ist? Nehmen wir nur einmal eine von Piranesis Radierungen – diese merkwürdigen Kompositionen, in denen er den Geist einer Stadt oder eines Stadtviertels zu erfassen suchte, indem er deren charakteristischste Gestaltungselemente miteinander verknüpfte. Sogar die im Norden gängige Vorstellung vom Pittoresken müßte mit der düsteren Wildheit dieser Studien einverstanden sein – hier ein verfallenes Aquädukt, das seinen Schatten über ein einsames Stückchen Land wirft, auf dem nur ein paar vereinzelte Akanthusbüsche stehen, dort die Kolonnade eines Palastes, durch die auf den Schwingen des Winterwinds das Mondlicht fällt, oder die Alkoven eines mächtigen römischen Bades, wo Gestalten in Umhänge gehüllt beieinander kauern, um geheimnisvolle Gespräche zu führen.

Canalettos schwarzweiße Studien vermitteln, allerdings weniger ausgeprägt, denselben Eindruck des Grotesken und des Phantastischen – die Kehrseite jenes *barocchismo*, den man so lange als das süßliche Lächeln auf dem Gesicht eines konventionellen Zeitalters angesehen hat.

Aber es gibt auch das andere, das typisch italienische Pittoreske, das eher Frohsinn als Düsternis vermittelt, das eher aus Licht als aus Schatten gemacht ist, eher aus Farbe als aus Linien, und das ist das Malerische, das Mailand zu bieten hat. Die Stadt ist voller lebendiger Eindrücke, voll anregender Gegensätze aus verschiedenen Jahrhunderten und Stilepochen, immer wieder findet man diese zufälligen Kontraste und Überraschungen, die in der Erinnerung haften bleiben, wenn die »Sehenswürdigkeiten« aus den Reiseführern längst verschwunden sind. Wenn man die modernen breiten Straßen verläßt – deren Verdienst darin besteht, daß sie unter Eugène Beauharnais modernisiert worden sind und nicht unter König Umberto –, betritt man gleich irgendein Gäßchen, über dem die vergitterten Fenster eines Palasts aus dem siebzehnten Jahrhundert zu sehen sind oder die feingearbeitete Terrakotta-Apsis einer Kirche aus dem *Cinquecento*. Überall sind die Ausdrucksformen rein italienisch, mit einer ganz, ganz kleinen Beimischung des gotischen Elements, das die alten Freistädte Zentralitaliens auszeichnet. Die Rocca Sforzesca (das alte Schloß der Sforza) und die Häuser um die Piazza de' Mercanti sind die wichtigsten weltlichen Gebäude, die an die Spitzbogenarchitektur des Nordens erinnern; die älteren Kirchen sind so alt, daß sie noch vor der Zeit gotischer Einflüsse datieren und zu dem rundbogigen Typus der Basilika gehören. Doch was für eine herrliche Vielfalt bieten die Straßen Mailands, wenn man die Abkömmlinge nationaler Herkunft betrachtet! Da ist zum Beispiel der korinthische Säulengang von San Lorenzo, das einzige bemerkenswerte Fragment des antiken Mediolanum, dessen letzte Säule mit den Enden eines gotischen Bogens zusammenläuft, der einen blumenverzierten Schrein stützt. Ganz in der Nähe stößt man auf die alte achteckige Kirche San Lorenzo, während ein paar Minuten Fahrt genügen, uns zum Borromeo-Palast zu bringen, der über einen stillen grasbewachsenen Platz auf die Rokokofassade der alten Familienkirche blickt, den eine Bronzestatue des großen, heiliggesprochenen Kardinals flankiert.

Der Palazzo Borromeo ist ein wichtiger Faktor, wenn man das malerische Mailand beschreiben will. Der Eingang führt in einen Innenhof, den Arkaden mit diagonalen Gratbögen, von Spitzbogenfenstern mit Simsen aus Terrakotta gekrönt, einfassen. Die Wände dieses Hofes tragen noch immer die Fresken mit der borromäischen Krone und der *Humilitas*-Devise dieser hochmütigen Rasse; ein Torweg führt in einen Raum mit der Urkundensammlung, wo auch die Archive des Hauses noch untergebracht sind und wo Michelino da Milano auf den feuchten Steinwänden die Szenen der *villeggiatura* des fünfzehnten Jahrhunderts dargestellt hat. Hier kann man die Edeldamen des Hauses mit hohen gefältelten Turbanen und in bizarren pelzgesäumten Gewändern zusammen mit jungen Galanen in bunt gescheckten Schlauchhosen die Schritte eines mittelalterlichen Tanzes ausführen sehen oder bei verschiedenen Spielen betrachten – beim *jeu de tarot* oder bei einer Art Cricket, das mit einem langen hölzernen Schläger gespielt wird, während sich im Hintergrund die Berge um den Lago Maggiore und die hügeligen Umrisse der Isola Bella erheben, die damals noch ein einfacher nackter Felsen ohne jeden Schmuck von Gärten und Architektur war. Diese Fresken, die einzigen noch existierenden Arbeiten eines wenig bekannten lombardischen Künstlers, erinnern an Pisanellos nüchternen und kraftvollen Stil, und als Zeugnisse des privaten Lebens italienischen Adels im fünfzehnten Jahrhundert stehen sie nur hinter den bemerkenswerten Bildern im Schifanoia-Palast in Ferrara zurück.

Nicht weit vom Borromeo-Palast führt noch ein Torweg zu einer Szene ganz anderer Art: zu dem großen Kreuzgang des Ospedale Maggiore, das zu den herrlichsten Monumenten gehört, die der Mensch seinen Mitmenschen jemals errichtet hat. Die alten Hospitale Italiens waren nicht nur für ihre architektonische Schönheit und ihre ungeheuren Ausmaße berühmt, sondern auch wegen ihrer Sauberkeit und Ordnung und der aufgeklärten Pflege, die die Kranken dort erhielten. Reisende aus dem Norden haben mit Bewunderung und Staunen von diesen Lazaretten berichtet, die ihnen so stattlich wie Paläste erschienen im Vergleich zu den armseligen Pesthäusern nördlich der Alpen. Wie groß muß das Erstaunen erst bei solch einem Reisenden gewesen sein, sei er nun Deutscher oder Engländer, wenn er das erste Mal den zentralen Innenhof des Mailänder Hospitals betrat, der von einem gewaltigen Kreuzgang umgeben wird, reich ausgestattet mit Maßwerk und Medaillons aus Terrakotta und gekrönt von den Bögen einer offenen Loggia, von wo die Patienten auf eine friedliche, weite Fläche mit Rasen und Blumen blicken konnten! Sogar heutzutage fragt man sich, ob diese Poetisierung der Philanthropie, dieses Einhüllen der Nächstenliebe in ein Gewand von Schönheit, nicht vielleicht sogar der Heilung dienlich war, ob nicht die Häßlichkeit des modernen Krankenhauses es in einem anderen Sinne so unhygienisch macht wie das pittoreskere Gebäude, an dessen Stelle es jetzt steht? In jedem Fall ist es ein wohltuender Gedanke, sich die armen kranken Menschen vorzustellen, wie sie sich in der schönen Loggia des Ospedale Maggiore sonnen oder unter den Magnolienbäumen im Garten sitzen, während die Schwestern in blauen Gewändern und schwarzen Schleiern leise durch den Kreuzgang gehen, wenn die Glocke von der Kapelle sie ruft.

Doch man muß gar nicht erst einen Innenhof betreten oder über eine Türschwelle gehen, um die Vielfalt und die Farbigkeit Mailands würdigen zu können. Die Straßen selbst sind voll von zauberhaften Details: *Quattrocento*-Portale aus Marmor geschmückt mit Medaillons, welche die Sforzas mit dem üppigen Haarwuchs unter ihren runden Kappen in gefältelten Tuniken zeigen; Fenster, die von Terrakotta-Kränzen aus Früchten und Blumen umrahmt werden; eiserne Balkone, deren kunstvoll ausgearbeitete Arabesken sich gegen die stuckverzierten Hausfronten abheben; mächtige Torbögen, die von Hermenatlanten flankiert werden, wie bei Pompeo Leonis Haus (der *Casa degli Omenoni*) oder dem Jesuitenkolleg; oder gelbbraune Rokokokirchen mit Pyramiden, mit zerbrochenen Ziergiebeln, mit fliegenden Engeln und mit Vasen, in denen schmiedeeiserne Palmzweige stecken. Im Sommer sind diese Straßen am schönsten. In dieser Jahreszeit spiegeln die alten Gärten, die über dem Naviglio hängen – dem Kanal, der Mailand wie ein Stückchen Venedig durchschneidet –, in seinen Wassern ihre weinbekränzten Marmorloggien und ihre überbordende Fülle aus Rosen und Kamelien. Dann wieder geben in den nobleren Straßen die Eingänge zu den Palästen den Blick auf doppelte und dreifache Innenhöfe frei, wo Arkaden in einem Mantel aus Kletterpflanzen schattige Rasenflächen einrahmen und man manchmal ganz hinten vielleicht einen Springbrunnen sieht, der vor der Innenwand eines Gebäudes eine wunderbare architektonische Komposition abgibt. Im Sommer bieten auch die dunklen Torbögen der einfacheren Viertel der Stadt ein heiteres Bild wegen der Obststände in ihren Lauben aus Blattwerk, die so beladen sind mit Melonen, Feigen und Pfirsichen, daß ihr Anblick den schwelgerischen Pinsel eines flämischen Malers bestimmt zu neuen Ausschweifungen verführen würde. Und dann wieder trifft man hinter einer Straßenbiegung auf eine kleine Kirche, die gerade das Fest ihres Schutzheiligen mit kühnem Girlandenschmuck und roten Wandbehängen feiert, während ganz in der Nähe eine höhlenartige Bottega mit noch mehr Blumengirlanden behängt ist und mit bunten Sträußchen, zwischen denen die bemalten Kerzen und andere Votivgaben angeboten werden, um das Kleingeld der Gläubigen in Umlauf zu bringen.

III

Doch Mailand ist auf die Jahreszeiten gar nicht angewiesen, wenn es um diesen Mittsommerzauber aus Licht und Farben geht. Für dunkle Tage hält es einen Vorrat an Wärme und Helligkeit bereit, den es hinter den Wänden der Paläste und im kalten Dämmerlicht der Kirchen und Klöster versteckt. Der Sommer mit all seiner pulsierenden Hitze ist von Tiepolo in dem großen Deckengemälde des

Palazzo Clerici eingefangen worden: einem Reigen von Göttern, Halbgöttern und Sterblichen aller Länder und Rassen, die Hand in Hand aus den rosigen Schleiern der Morgendämmerung hervortreten. Auch fehlt es nicht an erhabeneren Farbharmonien. Auf den Wänden von San Maurizio Maggiore bewegen sich Luinis Märtyrer, als glühte eine Legende nach, in diesem zögerlichen Licht, in dem das Phantastische wahrscheinlich wird und die Grenzen zwischen Realität und Vision verschwinden; Farbtöne einer anderen Art, allerdings ebenso zart, ebenso harmonisch, schweben durch das Dämmerlicht der Sakristei von Santa Maria delle Grazie, einem düsteren Raum mit intarsienverzierten Holzpaneelen, dessen vergitterte Fenster von Weinlaub verhängt sind.

Aber nichts in Mailand kann es mit der Schönheit der Farbgebung in der Portinari-Kapelle hinter dem Chor von Sant'Eustorgio aufnehmen. Sogar in ganz Italien fände man nichts, was diesem Meisterwerk der Zusammenarbeit zwischen Architekt und Maler wirklich vergleichbar wäre. In Ravenna glühen das Grabmal der Galla Placidia und die Apsis von San Vitale in reicheren Farbtönen, und die Unterkirche von Assisi mag in ihrem geheimnisvoll sich wandelnden Chiaroscuro unübertroffen sein, doch wenn es nur um das reine Licht geht, um klare, schattenlose Abstufungen schillernder Farbnuancen, was könnte da mit der Portinari-Kapelle konkurrieren? Das Beeindruckendste an ihr ist ihre Harmonie in den Formen und Farben, die den dekorativen Entwurf Michelozzis mit den wunderbaren Fresken Vincenzo Foppas zusammenfließen läßt, so daß er ein Teil von ihnen wird. Diese Harmonie resultiert nicht aus einem ge-

wollten Täuschungsmanöver, aus irgendwelchen Gau-
kelbildern des Pinsels, wie die späteren Maler sie bei
Dekorationen so gern einsetzten. In der Portinari-Kapelle werden Architektur und Malerei getrennt gehalten; die Verbindung zwischen ihnen ergibt sich aus der
Einheitlichkeit der Linien und der Farben und vielleicht
noch mehr aus der Übereinstimmung im Gefühl, die der
ganzen Kapelle eine freundliche Atmosphäre verleiht –
eine Atmosphäre, in der es schwerfällt, sich daran zu
erinnern, daß die Kapelle das Mausoleum für einen Mär-
tyrerheiligen ist. Doch dem Marmorsarkophag des heiligen Petrus Martyr gelingt es in all seinem Reichtum und
in all seiner Pracht irgendwie nicht, die Aufmerksamkeit
von seiner Umgebung abzuziehen. Es gibt so viele mittelalterliche Monumente seiner Art in Italien – und es gibt
nur eine Portinari-Kapelle. Von ihrer Kuppel mit den
Schuppen aus blassem Rot und Blau, die sich überlappen
wie das Brustgefieder einer Taube, wird das Auge zu
dem Terrakotta-Fries aus tanzenden Engeln geführt, die
zwischen sich große Kelche mit Früchten und Blumen
schwingen, von dort in kaum spürbaren Abstufungen
der Farbnuancen zu Foppas Fresken in den Bogen-
zwickeln – schillernden Heiligen und Engeln vor einem
Hintergrund aus blasser klassischer Architektur – und
dann zu einem weiteren Fries aus Terrakotta-Seraphim,
deren rosarote Flügel sich von dem Türkisgrün hinter
ihnen abheben; dieser tieferliegende Fries wiederum
stützt sich auf Pilaster von blassem Grün, die mit weißen
Stuck-*rilievi* aus kleinen, Glocken schlagenden Engeln
geschmückt sind. Nur als ein Teil dieses Farbentwurfs
spricht den Reisenden der Sarkophag überhaupt an –

die elfenbeinerne Tönung des alten Marmors gibt einen Sammelpunkt für das Spiel des Lichts ab und verbindet sich mit den üppigen Farben der Gewänder Portinaris in dem Fresko, das den Stifter der Kapelle darstellt, wie er vor ihrem Schutzheiligen kniet.

IV

Das Malerische an Mailand hat sich auch in seiner Umgebung niedergeschlagen, und es gibt mehrere Wege, die man wählen kann, um den Genuß an der für diese Stadt so charakteristischen Kunst zu verlängern. Die große Certosa von Pavia kann man, leider, leider, der Kategorie des Malerischen nicht mehr zurechnen. Säkularisiert, katalogisiert und abgesperrt für den Besucher, der durch ihre endlosen Gänge gehetzt wird, immer im Schlepptau eines staatlichen Aufsehers, bietet sie zwar dem Sinn für Schönheit weiterhin Nahrung, löst aber nicht mehr die zarteren Empfindungen aus, die eher durch die Atmosphäre eines Kunstwerks vermittelt werden als durch das Kunstwerk selbst. Solche Empfindungen muß man dann in der anderen verlassenen Kartause suchen, in der von Chiaravalle. Die Abteikirche mit ihrer eleganten säulengeschmückten Kuppel ist noch immer einer der auffälligsten Blickpunkte in der flachen Landschaft um Mailand herum; doch im Innern verfällt alles, und man verspürt den melancholischen Zauber eines schönen Gebäudes, das so natürlich absterben darf wie ein Baum. Die zersetzende Hand der Natur ist weniger grausam als die des restaurierenden Menschen, und die halbzerstörten Fresken und Intarsienarbeiten in Chiaravalle vermitteln

Im Mailänder Stadtviertel Brera

noch mehr von ihrer ursprünglichen Bedeutung als die sorgsam gehüteten Schätze in Pavia.

Weniger melancholisch als Chiaravalle und bisher noch unverdorben durch irgendwelche offiziellen Erhaltungsstrategien ist die Pilgerkirche der Madonna von Saronno. Eine lange Platanenallee führt vom Dorf aus zu der prachtvollen Marmorfassade der Kirche, einem Gebäude der Frührenaissance mit ornamentalen Beifügungen aus dem siebzehnten Jahrhundert. Sein Inneres ist berühmt wegen der Fresken von Luini im Chor und der von Gaudenzio Ferrari in der Kuppel. Die Fresken Luinis sind von einer heiteren unpersönlichen Schönheit. Sie wurden in seiner Spätphase gemalt, als er unter den Einfluß Raffaels und der *bella maniera* geraten war, und lassen den intimeren Charme seiner frühen Arbeiten vermissen; doch eine gewisse lombardische Note, an Leonardo erinnernde Nuancen, lassen sich noch dann und wann in den Seitenblicken der Frauen und der gelbhaarigen Schönheit der Jünglingsköpfe ausmachen, kommen aber nur in den vollkommenen Einzelfiguren der heiligen Katharina und der heiligen Apollonia wirklich zur Geltung.

Wenn diese imposanten Kompositionen weniger typisch für Luini sind als zum Beispiel seine Fresken in San Maurizio Maggiore oder in der Casa Pelucca (jetzt in der Pinacoteca di Brera), so scheint Gaudenzios Kuppel ganz im Gegenteil in einem einzigen herrlichen Ausbruch künstlerischen Ausdrucksvermögens alles zusammenzufassen, was seine Vorstellungskraft jemals hervorgebracht hat und was seine Hand jemals Wirklichkeit werden lassen wollte. Bestimmten Künstlern scheint es gegeben zu sein, zumindest einmal diesen Höhepunkt vollendeter

Ausdruckskraft zu erreichen: Tizian beispielsweise in dem Bild des Bacchus und der Ariadne, Michelangelo in den Medici-Grabmälern und Giorgione in dem »Ländlichen Konzert« im Louvre. In anderen Werken mögen sie größere Vitalität beweisen, genialere Entwürfe finden, doch nur einmal, wenn überhaupt, ist es jedem gegeben, ein perfektes Gleichgewicht von Kopf und Hand zu erlangen, und in einem solchen Augenblick nähern sich sogar die zweitrangigen Künstler der Größe. Gaudenzio fand seine große Gelegenheit in der Kuppel von Saronno, und dieses eine Mal wächst er über den Maler charmanter Anekdoten, den wir aus Varallo kennen, hinaus und reiht sich in die Bruderschaft der wahren Meister ein. In der Darstellung einer Stimmung offenbart sich seine Schaffenskraft – der Stimmung himmlischer Freude, die so lebendig in dem Kreis singender Engel verkörpert wird, daß die Form sich in Klang zu verwandeln und das Gewölbe mit himmlischem Jubel erfüllt zu sein scheint. Er hat diese freudige Stimmung zum Ausdruck gebracht, ohne daß seine Hand ein einziges Mal ins Stocken geraten wäre. Nirgendwo greift seine Erfindungskraft zu kurz, nirgendwo kommt sein Pinsel nicht nach. Die sich drängenden sonnigen Köpfe, die fliegenden Draperien, die flatternden Notenblätter wirken, als würde der Wind der Inspiration sie bewegen – ein Windhauch von den himmlischen Gefilden. Die Wände des Chorumgangs scheinen vom Engelschor aus dem *Faust* widerzuhallen oder von den letzten klangvollen Versen aus dem *Paradiso*. Glücklich der Künstler, dessen ganze Schaffenskraft in einer solchen Tonart ihre Stimme findet!

V

Der Leser, der diesen ziellosen Wanderungen durch Mailand gefolgt ist, ist ja nur mit dem Saum des Gewandes dieser Stadt in Berührung gekommen. In der Pinacoteca di Brera, der Pinacoteca Ambrosiana, dem Museo Poldi-Pezzoli und dem phantastischen neuen Archäologischen Museum, das jetzt passenderweise in der alten Burg der Sforza untergebracht ist, finden sich Schätze, die gleich nach denen von Rom und Florenz genannt werden müssen. Doch die gehören ja zu den katalogisierten Reichtümern der Stadt. Die Reiseführer weisen auf sie hin, sie liegen in der ausgetretenen Spur touristischer Sehenswürdigkeiten, aber im Grunde gelingt es eher in den Pausen zwischen solchen systematisch organisierten Studien der Vergangenheit, den Parenthesen des Reisens, zu den intimeren Einblicken zu kommen, zu Eindrücken, die dem Reisenden helfen, das Bild einer jeden Stadt zu erfassen und ihren besonderen Charakter in seiner Erinnerung zu verankern.

Die religiösen Bilder der Frührenaissance in Italien bestehen im allgemeinen aus zwei Teilen ohne jeden Bezug zueinander: dem Vordergrund und dem Hintergrund des Bildes.

Der Vordergrund ist konventionell festgelegt. Die hier dargestellten Personen – Heilige, Engel und die Heilige Familie – stammen von einer langen Reihe ähnlicher Figuren ab. Jedes Detail in der Kleidung und in der Gebärde ist von vornherein durch Gesetze festgelegt, die der Künstler ebenso widerstandslos hinnimmt wie die Tatsache, daß seine Modelle zwei Augen und die Nase in der Mitte ihres Gesichts haben. Wenn auch dann und wann ein besonders wagemutiger Maler eine gelungene Variation einführt, wie die kleinen geigespielenden Engel auf den Stufen zum Thron der heiligen Maria in den Bildern der Venezianischen Schule, sind solche Veränderungen doch zu selten und zu unwichtig, als daß sie die allgemeine Richtigkeit meiner Behauptung in Frage stellen könnten. Nur bei der Gestaltung des Hintergrunds bleibt dem Künstler die Freiheit, seine Persönlichkeit zum Ausdruck zu bringen. Hier gibt er nicht wieder, was irgend jemand anderes vor langer Zeit, in einem anderen Land und mit anderen Vorstellungen vom Leben und vom Glauben, für ihn festgelegt hat, er malt vielmehr, was er um sich herum wirklich sieht, in den Ebenen der Lombardei, im toskanischen Hügelland mit seinen zarten feinen Formen oder in der bizarr gezackten Landschaft der friaulischen Alpen. Man muß an den zentralen

Figuren mit ihren festgelegten Gebärden und ihrer symbolischen Kleidung vorbei und über sie hinwegsehen, um einen Eindruck von den Lebensbedingungen zu bekommen, unter denen das Bild entstand. Verbannt auf den Mittelgrund und zur Größe der Bedeutungslosigkeit verkleinert findet sich das wirkliche Bild, das Bild, das seinen Ursprung im Denken des Malers hat und das dessen Eindruck vom Leben um ihn herum widerspiegelt.

Hier grasen zum Beispiel, hinter einer Madonna von Bellini, weiße Ochsen auf einer Weide, und ein Schäfer räkelt sich auf einer Böschung neben seiner Herde; dort windet sich im Gefolge der Könige aus dem Morgenland ein Zug aus echten Soldaten, Gelehrten, Hausierern, Bettlern und dem buntgemischten Haufen der italienischen Straßen an dem Abhang eines Hügels entlang, der von einem mittelalterlichen Burgturm gekrönt ist, und überquert eine Brücke mit einer Wassermühle, wie sie der Künstler in seinem Heimatdorf gezeichnet haben mag. Und was bieten sich für wunderbare Möglichkeiten zur Genremalerei in den Geschichten aus dem Marienleben! In Ghirlandaios Fresko von der Geburt Marias in der Apsis von Santa Maria Novella gratulieren elegante Damen in zeitgenössischen Gewändern der konventionell gekleideten heiligen Anna, während Crivellis Verkündigung in der National Gallery einen reichverzierten Renaissancepalast zeigt mit Pfauen, die auf der oberen Loggia ihr Rad schlagen, mit einem prachtvollen orientalischen Teppich, der über einer Marmorbalustrade hängt, und einem himmlischen Boten, der über eine lange Marmortreppe zu einer modisch gestalteten Haustür tänzelt.

Kein Maler war verschwenderischer im Umgang mit diesen kleinen privaten Details oder wagemutiger in der abrupten Gegenüberstellung von religiösen Figuren mit dem betriebsamen weltlichen Leben seiner Zeit als Carpaccio. Seine Legende der heiligen Ursula in der Accademia in Venedig ist eine Fundgrube von Anekdoten aus dem fünfzehnten Jahrhundert, eine Enzyklopädie zur Kleidung, zur Architektur und zu den Sitten der Zeit; und hinter seinem heiligen Sebastian, an eine Säule gefesselt und von Pfeilen durchbohrt, geht der Verkehr auf den venezianischen Kanälen achtlos weiter, so wie im wirklichen Leben die trivialen Aktivitäten ihren Lauf nehmen, ohne sich weiter um ein großes Leid zu kümmern.

Sogar Malern, die weit weniger unabhängig von den Traditionen waren als Carpaccio und Crivelli, gelang es, eine persönliche Note und direkte Beobachtung in den Hintergrund ihrer religiösen Bilder einzubringen. Wenn die Figuren in einer Landschaft gruppiert sind, findet man nicht einfach die konventionelle Zusammenstellung von Hügel, Tal und Fluß, nein, die Landschaft vermittelt den unzweifelhaften Eindruck einer *chose vue*. Niemand, der den Hintergrund alter italienischer Bilder genau betrachtet hat, kann sich einbilden, realistische Landschaftsmalerei sei eine moderne Kunst. Die Technik der frühen Landschaftsmaler war nicht die der modernen Interpreten der Natur, doch ihre Absicht war dieselbe: sie bemühten sich treu und präzis wiederzugeben, was sie um sich herum sahen. Es ist die Unmittelbarkeit des Sehens, die ihren Bildhintergründen soviel Lebendigkeit und Reiz verleiht. In diesen Hintergrundbereichen kann man den eigentlichen Vordergrund der Existenz des Künstlers erkennen. Hier kann man erfahren, was im Venedig, Florenz, Perugia des fünfzehnten Jahrhunderts wirklich passierte, hier kann man sehen, wie es um den Horizont der alten Meister bestellt war, und feststellen, daß das Aussehen des Landes im allgemeinen noch fast so unverändert ist wie die Wellen der umbrischen Berge und die Windungen der toskanischen Flüsse.

II

Was für das Studium italienischer Bilder gilt, gilt auch für Italien selber. Das Land ist geteilt, nicht in *partes tres*, sondern in zwei: den Vordergrund und den Hintergrund. Der Vordergrund gehört den Reiseführern und dem, der ihr Werk ist, dem mechanischen Touristen; der Hintergrund gehört dem Bummler, dem Träumer und dem, der sich ernsthaft für Italien interessiert. Diese Unterscheidung bedeutet nicht, daß der Vordergrund geringzuschätzen sei. Man muß ihn gründlich kennen, bevor man sich am Mittelgrund erfreuen kann: es gibt keine Abkürzungen auf dem Weg zur Intimität mit Italien. Auch muß man die Analogie mit den religiösen Bildern nicht zu weit treiben. Die berühmten Bilder, Statuen und Bauwerke Italiens sind natürlich die Verkörperung dessen, was historisch und künstlerisch dort gewachsen ist, aber sie sind doch ein wenig konventionalisiert, weil sie zu lange dazu benutzt wurden, Italien zu definieren. Sie sind zu Symbolen versteinert, und das Leben, für das sie einmal der vollkommenste Ausdruck waren, ist in der öden trockenen Museumsatmosphäre, zu der ihr Ruhm sie verdammt hat, zugrunde gegangen. Um wieder Freude an ihnen zu finden, muß man ihnen die frische Luft einer Betrachtungsweise gönnen, die sich von allen Traditionen freigemacht hat. Da man sie nun einmal nicht umgehen kann, müssen sie »entkonventionalisiert« werden; und um das zuwege zu bringen, sollten sie in Verbindung mit dem Leben gesehen werden, von dem sie nur die ornamentale Fassade sind.

Zu welch einer Zauberwelt aber bieten sie so gesehen den Zugang! Wie freundliche Gastgeber nehmen sie sich selbst zurück, sie zeigen uns zwar den Weg, doch sie überlassen ihren Gästen ihr Besitztum zur freien Verfügung. Es ist nicht übertrieben, wenn man sagt, daß jedes der großen Meisterwerke Italiens den Schlüssel zu einem geheimen Garten der Phantasie liefert. Man muß Tizian und Giorgione kennen, um mit den friaulischen Alpen wirklich vertraut zu werden; Cima da Conegliano, um den satten Geschmack der merkwürdigen euganeischen Landschaft auf der Zunge zu spüren; Palladio und Sansovino, um die verspielt leichte Villenarchitektur des Brenta-Tals würdigen zu können; ja, man muß sogar Brunelleschi und Michelangelo kennen, um ein Gefühl für die schöne Linie irgendeiner Kapellenkuppel in einem namenlosen Hügeldorf zu entwickeln.

»Une civilisation«, sagt Viollet-le-Duc, »ne peut prétendre posséder un art que si cet art pénètre partout, s'il fait sentir sa présence dans les œuvres les plus vulgaires« (Eine Zivilisation kann nur dann behaupten, sie besäße eine Kunst, wenn diese Kunst alles durchdringt, wenn sie ihre Gegenwart in den vulgärsten Werken fühlbar werden läßt). Daran, daß die italienische Kunst das italienische Leben so völlig durchdringt, daran, daß der einfachste Steinmetz in gewisser Weise den Linien der großen Architekten folgt und der Dorfbildhauer den Madonnenvorbildern der großen Bildhauer, liegt es gerade, daß der monumentale Vordergrund und die unbeachteten Bildhintergründe sich fortwährend gegenseitig erläutern und erklären. Italien ist für die, die es wirklich lieben, wie ein großes koloriertes Buch, das da und dort ein prächtiges ganzseitiges Bild vorweisen kann und zwischen diesen viele Seiten mit zarten Bleistiftstrichen gezeichneter Marginalien, in denen jede Einzelheit italienischen Alltagslebens zu finden ist. Die Bilder und die Randzeichnungen sind jedoch von derselben Hand.

III

So wie Italien in einen Vordergrund und einen Hintergrund eingeteilt ist, hat jede Stadt ihre Perspektive: ihren *premier plan* für den eiligen Besucher mit Sternchen versehen, ihren Mittelgrund für die »happy few«, die länger bleiben können als drei Tage, und ihren grenzenlosen Horizont für den Müßiggänger, der sich weigert, der Zeit ein Maß für die Kunst zuzugestehen. In manchen Fällen ist der Hintergrund die Fortführung, die Ausführung des zentralen »Themas«, in anderen seine direkte Antithese. So ergänzen in Umbrien, in einigen Teilen der Toskana und der Marken Kunst, Architektur, Geschichte und Landschaft einander und führen sich gegenseitig weiter aus, und sogar ein Tourist mit ganz wenig Phantasie muß merken, daß er sich, wenn er die Kunstmuseen in Siena und Florenz verläßt, noch immer im Bereich der konventionellen Besichtigung von Sehenswürdigkeiten befindet.

In Rom dagegen, in Mailand und in geringerem Umfang in Venedig, wie auch in vielen kleineren Städten überall in Italien, gibt es eine scharfe Grenzlinie zwischen der Stadt des Reiseführers und ihrem Hintergrund. In manchen Fällen besteht dieser Hintergrund vor allem aus Objekten, die der Reiseführer-Tourist, wie er es gelernt hat, nur mit scheelem Blick betrachtet, oder vielmehr geht er an ihnen vorbei, weil man es ihm geraten hat, ohne sie eines Blickes zu würdigen. Goethe ist von den aufgeklärten Kunstkennern lange Zeit der Lächerlichkeit preisgegeben worden, weil er nach Assisi gereist war, um den römischen Tempel der Minerva zu sehen, und es unterlassen hatte, die mittelalterliche Franziskuskirche zu besuchen; aber wie viele Reisende unserer Zeit besuchen die Kirche und lassen den Tempel unbeachtet? Und worin besteht eigentlich ihre Überlegenheit im Geschmack? Es ist unbestreitbar so, daß in diesem besonderen Fall Vordergrund und Hintergrund den Platz getauscht haben, wobei der moderne Tourist, der die Minerva um des heiligen Franziskus willen vernachlässigt, ebenso fest in Traditionen eingebunden ist wie sein Vorgänger aus dem achtzehnten Jahrhundert, mit diesem einen Unterschied: während letzterer nichts von der Kunst des Mittelalters und seiner Architektur wußte, weiß der moderne Tourist, daß es den Tempel gibt, und wendet ihm absichtlich den Rücken zu.

Vielleicht ist Rom von allen italienischen Städten die-
jenige, bei der die Einseitigkeit dieses ästhetischen Inter-
esses auf die sonderbarste Weise zum Ausdruck kommt.
In den Städten der Toskana und Umbriens sind, wie gesagt, die Kunst und die Architektur, die zum akzeptier-
ten »Curriculum« des Reisenden gehören, noch immer
charakteristische Merkmale der Straßen, durch die er zu
seiner Gemäldegalerie oder zu seinem Museum geht. In
Florenz kann er zum Beispiel von der Riccardi-Kapelle
aus sich auf den Weg zum Schloß Vincigliata machen,
das, genauso wie Gozzoli es in seinem Fresko gemalt hat,
auf seinem mit Zypressen bewachsenen Hügel thront;
in Siena bilden die mit Zinnen geschmückten Paläste
mit ihren eisernen Fackelhaltern und den vergitterten
Fenstern die unveränderte Szenerie für einen mittelalterlichen Festumzug. In Rom jedoch ist es seit Jahrhunderten üblich, nur eine Stadt anzuschauen, die beinahe
verschwunden ist, und vor der, die noch lebendig und
wirklich vorhanden ist, die Augen zu verschließen.

Jemand, der sich für das antike Rom interessiert, be-
wegt sich zwischen mühselig rekonstruierten Bruchstük-
ken; der Mittelalterspezialist muß die Stadt von einem
zum anderen Ende durchqueren, um die mageren Fragmente seiner »Epoche« zusammenzubringen. Beide Richtungen des Studiums verlangen viel an Einsatz, und die
Schwierigkeiten der Suche machen diese wohl besonders
spannend; aber ist es nicht eine merkwürdige Geisteshal-
tung, die den Anhänger der Kunst des Mittelalters dazu
bringt, mit Scheuklappen vom Palazzo Venezia zur Santa

Sabina auf dem Aventin zu laufen oder von den Ara Coeli zu Santa Maria Sopra Minerva, weil die großen Baudenkmäler, die zwischen diesen Punkten seiner Pilgerschaft liegen, zu dem gehören, was ihn jemand als »minderwertige Kunstperiode« anzusehen gelehrt hat?

Rom ist die Barockstadt Italiens, die am wenigsten Veränderungen erfahren hat. Das große Wiederaufblühen seiner geistigen und zeitlichen Macht traf genau mit der Entwicklung jener Phase der Kunst zusammen, deren Saat in Rom von Michelangelo persönlich angelegt worden war. Die Samen, die einen Bernini und einen Tiepolo hervorgebracht haben, muß man in der Decke der Sixtinischen Kapelle suchen und im Moses von San Pietro in Vincoli, wie sehr die Anhänger Michelangelos sich auch gegen das Aufzeigen einer solchen Verwandtschaft wehren mögen. Aber es ist in unserer Zeit ohnehin fast unmöglich, Geduld für irgendeine Form von künstlerischem Absolutismus aufzubringen, für kritische Maßstäbe, die nicht auf dem Prinzip des Vergleichs aufbauen, das der wichtigste Beitrag des neunzehnten Jahrhunderts zu einer wirksamen Kunstkritik war. Es ist kaum möglich, tolerant gegenüber dieser spezifischen Form der Intoleranz zu sein, die sich weigert, in der Kunst das allgemeine Gesetz des Wachsens und der Veränderung anzuerkennen, oder wenn sie es anerkennt, meint, man müsse einzelnen Epochen daraus einen Vorwurf machen oder darüber lamentieren. Der Kunstkritiker muß einen Standard von Erstklassigkeit akzeptieren, und es muß ihm erlaubt sein, innerhalb der Vielfalt festgeschriebener Kriterien seine persönlichen Vorlieben zu suchen; im Bereich der Ästhetik ist die Welt in diejenigen aufgeteilt, die Sinn für das Gotische haben, und in diejenigen, die der Klassik zuneigen, genau wie im Bereich des Intellekts sie sich aufteilt in die Menschen, die sich zur allgemeinen Idee aufschwingen, und in die, die beim Einzelfall stehenbleiben. Der Anhänger des Einzelfalls wird fast immer Geschmack am Gotischen finden, das das Persönliche und Anekdotische in der Kunst ganz und gar zum Ausdruck bringt, allerdings auf Kosten eines synthetischen Effekts; doch wenn er allgemeinen Ideen überhaupt zugänglich ist, muß er erkennen, daß es sinnlos ist, gegen die unvermeidbaren Tendenzen des Geschmacks und der Erfindungskraft anzugehen. Zugegeben, die Kunst, die sich aus Michelangelos Werk entwickelt hat, ist vom Standpunkt eines solchen Menschen aus gesehen eine Kunst der Dekadenz. Ist das ein Grund, sich gegen sie aufzulehnen oder sie zu ignorieren? Der Herbst ist eine Zeit der Dekadenz, aber sogar für diejenigen, die den Frühling vorziehen, ist er bisher noch nicht zu einer Zielscheibe von Schmähungen und Vorwürfen geworden. Nur wenn der Kunstkritiker die Veränderungen in der Kunst so objektiv betrachtet, wie er den Wechsel der Jahreszeiten untersuchen würde, wird er anfangen, die verschiedenen Arten, in die der Mensch sein Tasten nach Schönheit umsetzt, zu verstehen und ihnen Wohlwollen entgegenbringen können. Wenn der Satz »il faut aimer pour comprendre« für die Welt des Gefühls eine Wahrheit enthält, so müssen, was die Welt der Kunst betrifft, die Verben vertauscht werden. Um eine Form des künstlerischen Ausdrucks zu verstehen, muß man nicht nur verstehen, was sie ausdrückt, man muß sie vielmehr kennen,

The hills where its life rose,
*and the sea where it goes.**

Wenn man es also so philosophisch betrachtet, wird das barocke Rom – das Rom Berninis, Borrominis und Madernas, das Rom Guercinos, der Caracci und Claude Lorrains – auch für diejenigen überaus interessant, die keinen Sinn für die Überschwenglichkeiten der Kunst des siebzehnten Jahrhunderts haben. Zum einen vermittelt die große Anzahl barocker Bauten – Kirchen, Paläste und Villen –, deren großzügige Anlage und die so gelungene Gruppierung mancher dieser Gebäude eine bessere Vorstellung, als man irgendwo anders davon bekommen könnte, welche Effekte dieser Stil im Zusammenhang zu erreichen imstande ist. So betrachtet, wird man erkennen, daß es sich hier im wesentlichen um einen Stil *de parade* handelt, der den Bühnenhintergrund für ein pompöseres und mehr nach außen gewandtes Leben abgab, das sich aus der intimeren Zivilisation der Renaissance entwickelt hatte, wie sich eine Blüte von immenser Größe und enormer Farbwirkung in der Atmosphäre des Treibhauses aus einer kleineren und zarteren Pflanze entwickeln kann. Der Prozeß war unvermeidlich, und das Ergebnis ist ein Beispiel dafür, daß in einer neuen Umgebung neue Arten des Talents erwachsen.

In solchen Momenten gesellschaftlicher und künstlerischer Wandlung zeigt sich, wer über originelle Schöpferkraft verfügt, und im Falle der barocken Bewegung war das Bernini. Denjenigen, die sein Werk im Lichte der Be-

---

* Die Hügel, aus denen ihr Leben stammt, und die See, in die es fließt. *Matthew Arnold, The Buried Life.*

dingungen, die es hervorgebracht haben, betrachten, wird er als der natürliche Interpret jener üppigen *bravura*-Periode erscheinen, als der Pomp einer neubelebten Kirchlichkeit und die komplizierte spanische Etikette sich mit einer wachsenden Vorliebe für das Landleben, für die feierlichen Zeremonielle und den Reichtum der Mittel der Natur verbanden. Die Vermischung dieser gegensätzlichen Interessen hat eine Kunst hervorgebracht, die sich klar genug von anderem unterscheidet, um ihren Rang unter den anerkannten »Stilarten« einzunehmen: eine Kunst, in der extreme Formalität und lautes Gepränge vom freien Spiel der Linie gemildert werden, so wie wenn die Winde des Himmels ungehindert durch die schweren Vorhänge eines Palastes wehen würden. Man braucht gar nicht zu leugnen, daß die Feinheit des Details, eine gewisse Nüchternheit der Mittel und eine beruhigende Wirkung oft genug diesen neuen Erfordernissen zum Opfer fielen; aber es ist fruchtbarer zu beobachten, mit wieviel Geschick Bernini und seine besten Schüler in der Lage waren, das Gleichgewicht und den Rhythmus seiner kühnen Kompositionen aufrechtzuerhalten, und wie selten die verschwenderische Fülle zu Inkohärenz führte. Wie erfolgreich der italienische Formsinn über dieses halb spanische Chaos des Materials herrschte, kann man daran erkennen, wie die Kirchen aus dem siebzehnten Jahrhundert um das Forum herum mit den Ruinen des antiken Rom harmonieren. Sicher würde sich niemand, von ganz bigotten Archäologen einmal abgesehen, die Fassaden von San Lorenzo in Miranda und von Santa Francesca Romana von der zauberhaften Szene wegwünschen!

In diesem Zusammenhang wäre es vielleicht gut, wenn die Puristen einmal darüber nachdenken würden, was verlorenginge, würde das Rom des siebzehnten Jahrhunderts, das sie ja angeblich ignorieren, ausgelöscht. Die Spanische Treppe würde natürlich verschwinden mit dem Palazzo di Propaganda Fide; der wunderbare Barberini-Palast verschwände und Berninis Triton-Brunnen gleich nebenan; auch die Via delle Quattro Fontane mit ihren tropfenbehangenen Flußgöttern, die aus ihren Grotten herauskommen, und Borrominis bizarre Kirche San Carlo am Kopf der Straße, ein Kaleidoskop wirbelnder Linien und Ornamente, gegen das sich der klassische runde Cortile des benachbarten Klosters abhebt. Auf dem Quirinals-Hügel wäre der Palazzo della Cosulta nicht mehr da und das wichtigste Portal auf dem Quirinal (eine Arbeit Berninis), ebenso wie der herrliche Torweg der Colonna-Gärten. Der Palazzo Colonna selbst, außen langweilig und monoton, aber innen das Muster eines prachtvollen Lustpalais, würde ebenfalls weggewischt; und so ginge es auch mit vielen der charakteristischsten Gebäude auf dem Corso – San Marcello, Il Gesù, der Palazzo Sciarra und der Palazzo Doria und das große Collegio Romano. Auch den Trevibrunnen gäbe es nicht mehr und Lunghis hübsche kleine Kirche der heiligen Vincenzo und Anastasio, die auf so zauberhafte Weise auf der anderen Seite des Platzes liegt; es gäbe den Innenhof mit seinen Säulen und die große bemalte Galerie des Casino Borghese nicht mehr und die Fontana dei Termini mit der schönen Gruppe benachbarter Kirchen; den großen Brunnen auf der Piazza Navona gäbe es nicht mehr, Lunghis imposante Fassade der Chiesa Nuova und Borrominis Oratorio dei Filippini; nicht den gewaltigen Brunnen der Acqua Paola auf dem Janicolo, nicht die bekannten Engelsstatuen auf der Ponte Sant'Angelo; und im Herzen der Vatikanstadt nicht mehr den machtvollen Bogen von Berninis marmornen Kolonnaden und nicht mehr den sprühenden Gischtregen seiner vatikanischen Brunnen.

Diese Aufzählung enthält nur eine kleine Anzahl der barocken Gebäude Roms, und die Villen um die Stadt herum sind gar nicht genannt worden, obwohl wir sie fast alle, einschließlich ihrer unvergleichlichen Gärten, dieser »minderwertigen« Periode zu verdanken haben. Aber der unvoreingenommene Italienreisende – sogar einer, der keine Geduld mit dem siebzehnten Jahrhundert aufbringen kann und für den jedes der oben genannten Gebäude für sich genommen ein Objekt der Mißbilligung sein mag –, ein solcher Kunstpedant möge sich einmal fragen, wieviel von »mighty splendent Rome« noch übrigbliebe, wenn die Möglichkeit bestünde, die Gebäude auszuradieren, die in diesem Fieber architektonischer Erneuerung errichtet wurden, das vom Amtsantritt Sixtus V. bis zu den letzten Jahren des siebzehnten Jahrhunderts wütete. Ob er den Verlust irgendeines dieser Gebäude bedauern würde oder nicht, er könnte nicht umhin zuzugeben, daß sie in ihrer Gesamtheit einen großen Teil der Physiognomie des Roms ausmachen, das er liebt. So weitreichend war die architektonische Renaissance des siebzehnten Jahrhunderts, und so ungeheuerlich waren die Möglichkeiten, die sie ihren Hauptvertretern bot, daß jedes Viertel der Stadt der Antike vom Geist der *bravura* Berninis und Borrominis durchtränkt ist.

Manche mögen der Ansicht sein, Rom selbst sei die beste Verteidigung des Barock: eine Kunst, die sich so weit entwickeln konnte, ohne die gewaltigen Denkmäler, zwischen denen sie sich herausbilden sollte, in den Schatten zu stellen; eine Kunst, die einer glanzvollen Gegenwart Ausdruck verleihen konnte, ohne im Widerspruch mit einer kriegerischen oder asketischen Vergangenheit zu stehen; die kurz und gut das imperiale und das frühchristliche Rom mit der Stadt der spanischen Etikette und der nachtridentinischen Frömmigkeit in Einklang bringen konnte, brauche keine weitere Rechtfertigung als Wrens Rundumsicht. Aber sogar diejenigen, die unbekehrt bleiben, die die künstlerischen und historischen Empfindungen, die notwendig sind, um die Architektur des siebzehnten Jahrhunderts wirklich zu verstehen, nicht aufbringen können, sollten sich zumindest klarmachen, daß das Rom, das eine so hingebungsvolle Liebe erweckt wie sonst keine andere Stadt, das Rom, nach dem sich die Reisenden während ihrer Abwesenheit schmerzlich sehnen, und zu dem sie wieder und wieder zurückkehren, von immer neuer, brennender Entdeckungsfreude getrieben, daß dieses Rom zumindest äußerlich zum großen Teil eine Schöpfung des siebzehnten Jahrhunderts ist.

V

In Venedig ist der Vordergrund byzantinisch-gotisch mit einer Beimischung aus der Frührenaissance. Er erstreckt sich von der Kirche von Torcello bis zu den Gemälden Tintorettos. Dieser Vordergrund ist in der Literatur mit einer Vehemenz und Ausführlichkeit gefeiert worden, daß er immer mehr in das öffentliche Bewußtsein gerückt ist und noch vollständiger die Tatsache verschleiert, daß es auch ein anderes Venedig gibt, ein Hintergrund-Venedig, das Venedig des achtzehnten Jahrhunderts.

Das Venedig des achtzehnten Jahrhunderts hat man nicht immer so verdrängt. Es hatte seinen großen Tag, als die Touristen die Markuskirche als ein Beispiel für »die barbarische Zeit der Gothick« anführten und eher mit dem Ridotto von San Moisè vertraut waren als mit den Grabmälern der Frari-Kirche. Es ergibt sich ein ganz anderes Bild von der Stadt, wenn man einmal bedenkt, daß das Venedig der Zeit keine Gemäldegalerie und Museen hatte. Die Reisenden fuhren nicht dorthin, um erbaut, sondern um unterhalten zu werden; man kann sich durchaus vorstellen, mit welcher Erleichterung der junge Adlige auf der *Grand Tour*, übersättigt vom Marmor Roms und den Gemälden in Parma und Bologna, sich für einen Augenblick auf eine Stadt einließ, wo Amusement die einzige Kunst war und das einzige Studienobjekt das Leben. Aber während die Reisenden in Scharen nach Venedig eilten, um seinen Karneval und die Spielsäle zu sehen, seine öffentlichen Festlichkeiten und seine privaten Casini, war eine ganze Generation von Künstlern im Hintergrund der Szene eifrig mit dem Pinsel am

Werk, und lautlose Hände hielten in einer ganzen Reihe von bemerkenswerten kleinen Bildern jede Phase des letzten glanzvollen Aufwallens von *joie de vivre* fest, bevor »the kissing had to stop« (*Robert Browning, A Toccata of Galuppi's*).

Longhena und seine Schüler waren die Architekten dieser strahlenden *mise en scène*, Tiepolo hat sie wunderbar ausgemalt, und Canaletto, Guardi und Longhi waren ihre Historiker, die jeden Ausdruck und jede Geste mit solcher Eleganz und Präzision einfingen, daß unter ihren Händen das glanzvolle Venedig der »Toccata von Galuppi« noch wie ein Schmetterling mit dem Staub auf seinen Flügeln ausgebreitet daliegt.

Äußerlich unterlag Venedig nicht derselben Erneuerung wie Rom. So wie es am Ende der Renaissance war, mit dem Stempel, den Palladio und Sansovino seiner religiösen und weltlichen Architektur aufgedrückt hatten, so ist es bis zum heutigen Tag geblieben. Ein Architekt mit eigener Schöpfungskraft, Baldassare Longhena, bereicherte es um die Variante des brillanten *barocchismo* in den Kirchen Santa Maria della Salute und der Chiesa degli Scalzi und in den Palazzi Pesaro und Rezzonnico am Canale Grande; seine Schüler entwickelten dann seinen Stil mit bedeutend weniger Talent in der langen gedrungenen Dogana mit ihrer fliegenden Fortuna zur Lagune hin, in den Kirchen Santa Maria Zobenigo, San Moisè und der Gesuiti, im Monte di Pietà und in einem Dutzend imposanter Paläste. Die Wirkung der Stadt insgesamt wurde jedoch durch diese kurze Blüte des Barock wenig verändert. Venedig hat schon immer jede neue Mode mit seinem eigenen Charakter geprägt, und

Longhenas Architektur ist wohl eher die Treibhausblüte des Stils von Sansovino und Scamozzi. Da Venedig außerdem weniger unter dem Einfluß der Kirche stand als irgendein anderer Staat Italiens, gelang es ihm, der architektonischen Livree, in die während der großen Unterjochung durch die Jesuiten ganz Italien eingekleidet wurde, zu entgehen. Der Geist des achtzehnten Jahrhunderts drückte sich daher eher in einem ausgedehnten sozialen Leben aus und in den dekorativen Künsten, die mit solchem Wiederaufblühen des Salonlebens einhergehen. *Stuccatori*, die ihr Geschäft verstanden, schmückten die alten Salons und Galerien mit neuen Goldverzierungen und Spiegeln, leichtere Möbel ersetzten die monumentalen Kabinette, die sich Venedig aus Spanien entliehen hatte, und die kleinen Genrebilder von Longhi und die Landschaften von Canaletto und Battaglia wurden auf dem großgemusterten Damast an den Boudoirwänden aufgehängt. Die Religion entwickelte sich nach denselben Prinzipien und paßte sich der Eleganz der Salons an, und also bemühten sich sechs adlige Familien, ihren gesellschaftlichen Verpflichtungen dem Himmel gegenüber nachzukommen, indem sie die kostspielige Kirche Santa Maria degli Scalzi errichteten mit ihrem luxuriösen Innenraum, wo man sich durchaus vorstellen kann, daß die himmlische Schutzpatronin zu ihren adligen Spendern »Couvrez-vous, mes cousins« sagt.

Wenn sie auch um 1650 von Longhena begonnen wurde, ist die Scalzi-Kirche doch so sehr mit dem Genie Tiepolos verbunden, daß man sie als Inbegriff der venezianischen Kunst des achtzehnten Jahrhunderts ansehen kann. Herr Cornelius Gurlitt, der scharfsinnigste Kommentator des venezianischen Barock, hat denn auch mit vollem Recht betont, daß Longhena der Vorläufer und »Geistesgenosse« der großen Meister der dekorativen Malerei des achtzehnten Jahrhunderts war und daß die kühnen und üppigen strukturalen Effekte des Architekten geradezu der im voraus geplante Schauplatz für die unübertroffene Verwegenheit des Pinsels sein könnten, mit der sie hundert Jahre später weitergeführt und vervollkommnet werden sollte.

In dem hohen Gewölbe der Scalzi, über einem Innenraum von beinahe palladischer Eleganz und Strenge, sollte der große Maler der Atmosphäre, der erste *Pleinairist*, die Überführung des heiligen Hauses aus Palästina nach Loreto darstellen. Daß Tiepolo mit seiner Vorliebe für ätherische Fernen und für wolkenartige Farbtöne die Aufgabe angenommen hat, ein Steinhaus zu malen, das von Engeln durch den Himmel getragen wird, zeigt ein ungewöhnliches Bewußtsein seiner eigenen Meisterschaft; daß ihm ein Bravourstück gelungen ist und kein Desaster daraus wurde, rechtfertigt den Wagemut seines Versuchs.

Vor allem anderen liebte Tiepolo offene Räume. Er ließ seine flatternden Gruppierungen gern in den großen durchscheinenden Weiten des Himmels schweben, und die üppig bemessene Decke der Scalzi-Kirche bot ihm ganz außergewöhnliche Möglichkeiten, diesen Effekt zu entfalten. Das Ergebnis ist, daß die Engel, die mit einer Vehemenz um das Haus der heiligen Maria herumwirbeln, daß es im Schwung ihres Fluges eher wie eine Feder wirkt, über einem Gebäude ohne Dach durch endlos sich erstreckende Luftschichten dahinzurauschen scheinen. Die architektonische Schicklichkeit eines solchen *Trompe-l'œil*-Effekts kann man kritisieren oder sogar für unentschuldbar halten; andererseits, wenn man gerade *diese* Illusion wollte, wer außer Tiepolo hätte sie jemals schaffen können?

Dieselbe ätherische Wirkung, nur in einen noch höheren Himmel der Durchsichtigkeit erhoben, ist in der Decke der Chiesa dei Gesuati (die man nicht mit der Chiesa dei Gesuiti verwechseln darf) am Zattere-Kai zu finden. Dieses bezaubernd komponierte Bauwerk wurde im frühen achtzehnten Jahrhundert von Massari, einem der Schüler Longhenas, gebaut, aber er hat sich dabei ganz offensichtlich von den großen Kirchen Palladios inspirieren lassen. Die Kirche ist der heiligen Maria vom Rosenkranz gewidmet, und Tiepolo hat auf ihrer Decke die Legende vom heiligen Dominikus dargestellt, der von der Jungfrau Maria in der Glorie den Kranz entgegennimmt.

Die Reisebücher, die keine Gelegenheit auslassen, den Reisenden vor unangemessener Bewunderung Tiepolos zu warnen, betonen, daß die Muttergottes, die sich von ihrem Sternenthron zu dem Heiligen herunterbeugt, aussieht wie eine venezianische Dame aus den Tagen des Malers. Das tut sie ganz ohne Zweifel. Eine vernünftige Einschätzung Tiepolos ist jedoch nicht möglich, wenn man vergißt, daß der Katholizismus seiner Zeit eine Religion des *bon ton* war, darum bemüht, ihre adligen Anhänger sich in der Kirche ebenso heimisch fühlen zu lassen wie im Salon. Er nahm seine Modelle vom wirklichen Leben und entwarf seine himmlischen Szenen, ohne sich viel Gedanken über die Bedeutung zu machen, die ihnen innewohnt; und doch, allein aus der Kraft seiner Technik heraus brachte er es fertig, seinen religiösen Bildern eine Aura übernatürlichen Glanzes zu verleihen, so daß es nicht unangemessen scheint, die folgenden Zeilen aus dem »Paradiso« auf sie zu beziehen:

> *Ché la luce divina è penetrante*
> *Per l'universo, secondo ch'è degno,*
> *Sicché nulla le puote essere ostante.* *

VI

Es ist allerdings vollkommen richtig, daß Tiepolo im Grunde genommen kein religiöser Maler war. Vor allem anderen war er ein großer dekorativer Künstler, ein Meister der Emotion in der Bewegung, und es war ihm wahrscheinlich ziemlich gleichgültig, ob er den Auftrag erhielt, die leidenschaftlichen Gefühle der heiligen Theresa oder die Kleopatras auszudrücken. Das heißt nicht, daß er seiner Aufgabe gleichgültig gegenüberstand. Wie auch immer sie aussah, er brachte in sie die ganze Kraft seiner lebhaften Imagination und seine unvergleichliche *maestria* ein, doch was er in seiner Aufgabe sah, sei sie nun religiös oder weltlich, war mit Sicherheit vor allem anderen eine Gelegenheit, neue Effekte im Licht und in der Linie zu erzielen.

Wenn er eine besondere Neigung hatte, lag sie vielleicht darin, weltliche Festumzüge darzustellen. Im Pa-

---

* Denn das Weltall ist von dem göttlichen Lichte durchdrungen, soweit es dessen würdig, so daß ihm gar nichts widerstehen könnte. *Dante, Die göttliche Komödie.*

lazzo Labia am Canareggio, einem Gebäude, in dem Cominelli, der begabteste Architekt Venedigs im achtzehnten Jahrhundert, die *grand manner* Sansovinos und Scamozzis fortführte, fand Tiepolo unvergleichliche Möglichkeiten, diese Seite seines Talents auszuleben. Hier malte er im vornehmen Salon des *piano nobile* die Liebe zwischen Marc Anton und Kleopatra, in das moderne Leben der Patrizier seiner Zeit transponiert. Zunächst einmal bedeckte er die Wände mit architektonischen Improvisationen von Portiken, Loggias und Kolonnaden, wie sie vielleicht errichtet worden sein konnten, um den »Triumph« eines der Großen aus der Familie der Este oder Gonzaga zu feiern. In diese prachtvolle Szenerie plazierte er zwei herrliche Szenen: Kleopatra, wie sie die Perle auflöst, und Marc Anton und Kleopatra, die eben mit ihrer Barke angelegt haben; dabei ist jede Galerie, jeder Balkon, jede Treppe angefüllt mit Höflingen, Pagen, Soldaten, mit Zwergen, Mohren, die Hunde an der Leine halten, Zofen und Lakaien, die sich vornüber lehnen, um den Festzug zu sehen.

Von dem Gedränge der Gestalten heben sich die Hauptcharaktere mit einer Art delikater Pracht ab. Ägyptens Königin,

On her neck the small face buoyant, like a bell-flower on its bed, *

in ihrem Kleid aus weißem und goldenem Brokat, mit einem Perlenband um den Hals und einem winzigen Spaniel, der zu ihren Füßen spielt, ist eine Dogaressa des

---

* Auf ihrem Hals das kleine Gesicht, so heiter wie die Glockenblume in ihrem Beet. *Robert Browning, A Toccata of Galuppi's.*

achtzehnten Jahrhunderts; Marc Anton ist ein junger Prokurator, dargestellt als das Zerrbild eines römischen Helden; der kleine schwarze Junge aber mit dem Turban, die Mägde, die Höflinge und Pagen, sie alle sind aus dem Leben genommen, direkt aus der brillanten Abendgesellschaft eines Palazzo Pisani oder Mocenigo. Und doch – und hierin liegt das Wunder – ist es Tiepolo gelungen, in diese »Wasserfliegen« und frivolen Müßiggänger seiner Zeit, in die Damen, die ganz vom Kartenspiel und dem Skandal in Anspruch genommen sind, in die jungen adligen Herren, die mit einer Liebschaft mit der *prima amorosa* von San Moisè oder mit ihren Liebesbriefen an eine Nonne vom Kloster Santa Chiara beschäftigt sind – in diesen Pulk seichter, vergnügungssüchtiger Menschen etwas von dem alten römischen Staat hineinzulegen. Wie man unter dem Gewölbe der Gesuati-Kirche an Dante denken mag, so erinnert man sich in der Gesellschaft dieser Venezianer mit dem Rouge und den Puderperücken an Shakespeare. Die Szene von der Ausschiffung evoziert mit merkwürdiger Lebhaftigkeit die Anfangsszene von »Antonius und Kleopatra«:

> *Look where they come!*
> *The triple pillar of the world transformed*
> *Into a strumpet's fool –,* [*]

und man kann den glanzvollen Marc Anton, der die lästigen Boten aus Rom beiseite schiebt, fast hören, wie er der Königin zuflüstert: »Welch Zeitvertreib zur Nacht?«

---

[*] Seht da, sie kommen, des Weltalls dritte Säule umgewandelt zum Narren einer Buhlerin –

Noch mehr vom Geiste Shakespeares spricht aus der
Szene mit der Perle. Kleopatra thront im Staatsgewand
am Bankett-Tisch, sie hebt eine Hand, um das Juwel in
ihren Kelch fallen zu lassen, und in ihrer Geste und in
ihrem Lächeln liegt die ganze Summe der grausamen Anmut dieser »false soul of Egypt«. Es gereicht Tiepolo zu
höchster Ehre, daß seine Kunst solche Wendungen und
Assoziationen wachruft und daß sie, vom Standpunkt
des Malers aus gesehen, an die Herrlichkeit einer anderen großen Zeit erinnert. Wenn man ihn im Licht der
venezianischen Malerei betrachtet, erkennt man in Tiepolo den direkten Nachfahren Tizians und Veroneses.
Wenn das dazwischenliegende Jahrhundert etwas von
der Wärme seiner Farben weggenommen hat, sie oft
kreidig aussehen läßt, wahrend die der Renaissance noch
golden waren, so hat er die Linien, die typischen Charaktere und die strahlende Majestät des venezianischen *Cinquecento* doch wiederbelebt, und Veroneses »Apotheose
Venedigs« im Dogenpalast ist der direkte Vorläufer von
Tiepolos Madonnen und Kleopatras.

VII

Es ist vielleicht nicht mehr ganz korrekt, Tiepolo in
den venezianischen Hintergrund zu stellen. Die neuesten
Forschungen haben ihn eher in den Mittelgrund gerückt,
und wenn sein Werk auch bisher noch von verhältnismä-
ßig wenigen gekannt wird, so ist die kultivierte Minder-
heit der Reisenden doch durchaus mit seinem Namen
vertraut.

Weit hinter ihm jedoch, noch mehr im Bereich des

Fluchtpunktes im Blickfeld des Touristen, finden sich die anderen Gestalten, die zum venezianischen Hintergrund gehören: Longhi, Guardi, Canaletto und deren bescheidenere Vertreter. Von diesen ist es allein Canaletto gelungen, einen relativ großen Grad an Bekanntheit zu erringen. Seine Ansichten von Venedig sind in so vielen europäischen Kunstmuseen zu finden, und sein Name macht eine Ideenassoziation so leicht, daß ihn, wenn auch wenige sein Werk wirklich zu würdigen wissen, doch immerhin viele oberflächlich kennen; wohingegen Guardi, ein Maler mit größerem, wenn auch weniger beständigem Talent, bisher nur für den Kunstliebhaber ein Begriff ist.

Das Werk beider Künstler ist unschätzbar als ein »Dokument« für das Studium Venedigs im achtzehnten Jahrhundert, aber während Canaletto in seinen zauberhaften Gemälden nur den oberflächlichen und offensichtlichen Anblick der Stadt wiedergab, wie er sich jedem bewundernden Fremden hätte darbieten können, kann Guardi, einer der frühesten Impressionisten, mit dem wirklichen Leben auf den Straßen aufwarten, dem *grouillement* der Menge auf dem Markusplatz, den bunten Farbflecken einer Kirchenprozession, welche die Treppen zur Redentore-Kirche hinaufwogt, mit dem Flattern der Markisen über den Marktständen an einem schönen Tag oder der breiten schwarzen Spur, die ein Bootsrennen auf den bewegten grünen Wassern des Canalazzo hinterläßt.

Hinter diesen beiden Künstlern steht Canalettos Schwiegersohn Bellotti, was das Talent angeht, weit zurück, aber als Chronist des venezianischen Lebens kann er nicht hoch genug eingeschätzt werden; in seiner steifen topographischen Manier hat er treulich und gewissenhaft jedes Detail des Lebens auf den Kanälen im achtzehnten Jahrhundert festgehalten. Da er eigentlich nur für diejenigen interessant ist, die etwas über die Sitten und Gebräuche der Zeit erfahren möchten, ist er selten in den öffentlichen Kunstgalerien vertreten, aber viele Privatsammlungen im Norden Italiens enthalten eine Serie seiner Bilder, die alle venezianischen Feste wiedergeben, von der »Hochzeit mit dem Meer« bis zum großen Fest der *Vola*, das auf der Piazetta am letzten Donnerstag vor der Fastenzeit stattfand.

Der allgemeinen Öffentlichkeit so wenig bekannt wie Bellotti, aber von den Kunstkennern geschätzt wie kein anderer italienischer Maler des achtzehnten Jahrhunderts außer Tiepolo, ist Pietro Longhi, der Genremaler, dessen exquisite kleine Bilder vom häuslichen Leben in Venedig jetzt bei Christie's oder im Hôtel Drouot ihr Gewicht in Gold einbringen. Longhis Talent ist ein ganz besonderes. Um ihn wirklich zu »goutieren«, wie die Franzosen sagen, muß man die grundlegende Naivität der glanzvollen und korrupten Gesellschaft Venedigs verstehen, so wie sie auch in den Komödien Goldonis und in den Lebenserinnerungen zeitgenössischer Schriftsteller zum Ausdruck kommt. Die Venezianer waren tatsächlich eher amoralisch als unmoralisch. In ihren Lastern gab es nichts, was komplex oder morbide gewesen wäre; es waren im Grunde genommen kaum Laster in dem Sinne, daß man mit Bewußtsein gesagt hätte: »Evil, be thou my good« (Das Böse sei nun mein Gutes). Die Unmoral Venedigs war einfach ein Sichhingeben an die natürlichen Instinkte, an die *joie de vivre* eines fröhlichen und sinnlichen Temperaments. Es gab keinen geistigen Verfall in Venedig, weil es kaum so etwas wie Geist gab: man dachte an nichts Böses, weil man gar nicht dachte. Die berühmt-berüchtigten Sünder, die die Nachwelt als Gestalten dargestellt hat, die mit Freuden den komplexesten Lastern nachgingen, saßen verzaubert vor den einfachen Szenen aus Goldonis Dramen und vor den ebenso einfachen Bildchen ihres liebsten Genremalers. Auch sollte man nicht glauben, daß dieser Geschmack an Einfachheit und Unschuld der Beweis für eine noch subtilere moralische Verirrung sei. Die ruchlosen Franzosen mochten in der Imagination den Kontrast einer Idealwelt suchen, die Milch- und Rosenwasserwelt von Gessners Idyllen und der *Bergerie de Florian*. Aber Goldoni und Longhi waren keine Idealisten, nicht einmal Sentimentalisten. Sie zeichneten mit unverhohlener Hand das Leben ihrer Tage, von der Fischerhütte bis zum Adelspalast. Nichts kann unverwechselbarer sein als der Dialekt in Goldonis Stücken, und ein Volk, das sich an so einfachen Bildern vom Leben um sich herum erfreuen konnte, muß in gewissem Sinne auch ein einfaches Leben geführt haben.

Longhis Staffeleibilder halten jede Phase des Lebens der venezianischen Mittelschicht und der Aristokratie fest. Zu einigen läßt sich wirklich schwer ein Schlüssel finden, und man hat angenommen, daß sie Szenen aus beliebten Komödien der Zeit enthalten. Die anderen zeigen so wohlbekannte Begebenheiten wie den Besuch eines Kloster-Salons, wo die Nonnen ihre Galane mit einem Marionettentheater unterhalten; die maskierte *no-*

bil donna, die eine Wahrsagerin konsultiert oder mit ihrem *cicisbeo* über den Markusplatz spaziert; das *Lever* einer solchen Dame, wo man sie an ihrem Toilettentisch sieht, umringt von ihren Bewunderern; eine ganze Familie beim Frühstück, während das Kindermädchen gerade das gewickelte Baby hereinbringt; den kleinen Sohn und Erben beim Ausritt mit seinem Erzieher; die Schauspielerin, die ihre Arie mit dem *maestro di cappella* einübt; den Besuch bei dem berühmten Nilpferd in seinem Zelt auf der Piazzetta; die Tanzstunde, die Musikstunde, das Malen eines Porträts und hundert andere Episoden aus dem gesellschaftlichen und häuslichen Leben. Die Personen, die an diesen Szenen Anteil haben, gehören immer zu ein und demselben Typus: junge Frauen mit kleinen ovalen Gesichtern, gepudert, aber ohne Rouge, mit roten Lippen und schräg sich neigender Stirn; die Männer mit Umhang und Maske, oder bunt bestickten Mänteln, breiten Brauen und eher wenig ausgeprägten Gesichtern, galant, mit Bravour, *empressés*, aber nie im mindesten idealisiert oder sentimental dargestellt. Die Szenen aus dem »vornehmen Leben« finden zumeist in hohen nackten Räumen statt, mit steinernen Fensterrahmen, dem Familienporträt eines Dogen oder Admirals über dem Kamin und einigen wenigen Sesseln im schweren venezianischen Barockstil. Die Einrichtung der Räumlichkeiten oder die Kleidung der Bewohner ist überhaupt nicht kostspielig. Die Damen tragen, wenn sie ausgehen oder einen Besuch machen, einen dreispitzigen Hut über dem schwarzen *zendaletto* aus Spitze, der ihr Haar und den unteren Teil ihres Gesichts verbirgt, während ihre Kleider von dem schwarzen *bauto* aus Seide oder dem

Domino bedeckt werden. Im Haus tragen sie einfache kurze Gewänder aus Seide oder Brokat mit einem Tuch um die Schultern und einer Rose oder einer Gartennelke in den ungepuderten Haaren. Die Freude am Malen prachtvoller Stoffe und all der materiellen Herrlichkeiten des Lebens, die Tiepolo von seinen großen Vorläufern aus der Renaissance übernommen hatte, teilt Longhi nicht. Der Zauber seiner Bilder liegt in einer weniger leicht zu bestimmenden Eigenschaft, in ihrer unstudierten Einfachheit und Natürlichkeit, die seine Staffeleibilder zu wahrheitsgetreuen Abbildern des Lebens macht. Man fühlt, daß er seine Szenen ebensowenig »arrangiert« hat, wie Goldoni seine Komödien konstruierte. Beide begnügten sich damit, im Spiegel einer ruhigen humoristischen Beobachtungsweise die täglichen Begebenheiten auf der Piazza, im Kloster und im Palazzo zu reflektieren.

Die Tatsache, daß Longhi in seinen Genrebildern die Gruppierung der Figuren so wenig variiert hat und daß es ihm genügte, sich auf so wenige Gesten zu beschränken, hat die Vorstellung aufkommen lassen, er sei zu einer gewissen Vielseitigkeit und Breite der Komposition einfach nicht in der Lage gewesen. Um sich in diesem Punkt von jedem Irrtum freizumachen, braucht man jedoch nur seine Fresken im Palazzo Grassi (jetzt Sina) am Canale Grande zu betrachten. Dieser schöne Palast, der 1740 von Massari, dem Architekten der Gesuati-Kirche, erbaut wurde, hat einen großartigen doppelten Treppenaufgang, der von einem Innenhof mit Kolonnaden zu den fürstlichen Gemächern im oberen Stockwerk führt; und an den Wänden dieses Treppenaufgangs hat Longhi, der dieses eine Mal seine kleinen Leinwände und seine einfachen Darstellungsmittel beiseite gelassen hat, eine Reihe bezaubernd lebendiger Menschengruppen gemalt; die Mitglieder der Grassi-Familie lehnen über einer Marmorbalustrade, um zu sehen, wie ihre Gäste die Treppe hinaufsteigen. Die Vielseitigkeit im Arrangement dieser Gruppen, die Ausdruckskraft der Gesichter und die Breite in der Anlage des Ganzen beweisen, daß Longhi über weit mehr technische Möglichkeiten und weit mehr Vorstellungskraft verfügte, als er in seine kleinen Bilder investieren wollte, und daß seine Naivität gewollt war. Wahrscheinlich bedauert niemand, der sein Werk kennt, seine selbstgewählte Einschränkung. Mehr Bewegung und ein komplexeres Arrangement der Figuren in seinen Bildern würden das Gefühl von Muße zerstören, den Eindruck von weiten Räumen und unendlich viel Zeit, vom Fehlen jeglicher Eile und Unordnung, das so typisch ist für eine Gesellschaft, die von moralischer Verantwortung und sozialen Rivalitäten völlig unberührt ihren Vergnügungen mit einer wohlerzogenen Ruhe nachging, die wohl einer der zauberhaftesten Charakterzüge war, der von der Französischen Revolution ausgelöscht wurde.

VIII

An einem stillen Canale nicht weit von der Frari-Kirche steht ein alter Palazzo, wo man in einer Reihe unveränderter Räume genau den Bühnenhintergrund sehen kann, vor dem die Personen Goldonis und Longhis ihre Gesellschaftskomödie zu spielen pflegten.

Der Palazzo Querini-Stampaglia wurde vor etwa fünfzig Jahren vom letzten Conte Querini der Stadt Venedig vermacht und ist mit seiner Gemäldegalerie, seiner Bibliothek und seinen Privatgemächern für die Allgemeinheit geöffnet, die ihn nie besichtigt. Dabei läßt sich hier für den, der an venezianischen Hintergründen interessiert ist, die unveränderte Atmosphäre des achtzehnten Jahrhunderts finden. Die Galerie enthält neben einigen guten Gemälden der früheren Schulen eine große Sammlung von Bellottis Bildern, die alle großen religiösen Feierlichkeiten und Volksfeste Venedigs darstellen, und verfügt auch über ein halbes Dutzend Longhis und über eine wunderhübsche Reihe von Genrebildern unbekannterer Künstler seiner Schule.

Weit interessanter sind jedoch die Privatgemächer, deren Einrichtung aus dem siebzehnten und achtzehnten Jahrhundert noch vollkommen intakt ist; an den Wänden stehen die schweren Barockkonsolen und Sessel, die den Kennern von Longhis Interieurs und seiner zauberhaften Drucke für die Erstausgabe von Goldonis Werken so vertraut sind. Da ist das typische *chambre de parade* mit seinen grünen Damastvorhängen an Fenstern und Bett und seinen Möbeln, die mit Blumen auf blaßgrünem Lackgrund bemalt sind; da ist der mit Tapisserien geschmückte Salon mit seinen Lüstern aus Muranoglas, das Boudoir mit den Spiegelpaneelen, die in feingeschnitzte und bemalte Kränze aus Blumen und Blattwerk eingelegt sind, und das Porträtzimmer, in dem die drei großen Querini hängen: der Doge, der Kardinal und der Admiral. Da gibt es dann auch die lange Galerie mit der Büste des Kardinals (eines Kirchenfürsten aus dem siebzehnten Jahrhundert), die von den Marmorbildnissen seiner sieben *bravi* eingerahmt wird: eine Serie berninischer Köpfe von bemerkenswerter Individualität und vitaler Ausstrahlung; sie reicht von dem altersgrauen Galgenvogel, dem das verfilzte Haar in das böswillige Gesicht hängt, bis zu dem smarten jungen Bösewicht mit dem glatten Hals und dem unverschämten Blick, der sich in seiner eigenen finsteren Schönheit zu sonnen scheint.

Diese Büsten geben einen Einblick in eine andere Phase des italienischen Lebens: das Leben des gewalttätigen und tragischen siebzehnten Jahrhunderts, als jede bedeutende Persönlichkeit, gehöre sie nun zur Kirche oder zum weltlichen Adel, ihre Leibwache aus erbarmungslosen Kriminellen, Geächteten und Galeerensklaven hatte, die Zuflucht im Palast ihres Schutzherrn suchen konnten und zum Dank dafür alle Übel- und Gewalttaten ausführten, die der *Illustrissimo* von ihnen verlangte. Es scheinen Welten zwischen den friedlichen Anekdoten Goldonis und Longhis und diesem Prälaten zu liegen, den die Bildnisse der von ihm angeheuerten Mörder umgeben; und doch lauerten in Italien noch bis zum Ende des achtzehnten Jahrhunderts im Hintergrund *bravi*, allerdings ohne daß man sie anerkannt oder in Marmor unsterblich gemacht hätte; Stendhal, der Italien kannte, wie es nur wenige Nichtitaliener gekannt haben, erzählt, daß noch zu seiner Zeit die großen Adligen der Lombardei ihr Gefolge von *bauli* hatten, wie die Ritter mit dem Stilett im Mailänder Dialekt genannt werden.

Man hat der *bravi* nicht nur in der Kunst gedacht. Wer *I Promessi Sposi* mag, den einzigen großen italienischen Roman, wird die Gefolgsleute Don Roderigos nicht so bald vergessen; eine Vorstellung davon, welche Rolle sie gegen Ende des achtzehnten Jahrhunderts spielten, kann man auch aus Ippolito Nievos *Confesssioni di un Ottuagenario* entnehmen, diesem herrlichen Buch, halb Romanze, halb Autobiographie, das nach vielen Jahren, in denen es vergessen war, in Italien gerade wieder aufgelegt worden ist. Ippolito Nievo, einer der jungen Soldaten Garibaldis, war unter denen, die mit der *Ercole* bei ihrer Rückkehr aus Palermo im Jahre 1860 untergingen. Er war, als er starb, erst neunundzwanzig, und es wird behauptet, daß die Ungeduld, eine Dame zu sehen, der er sehr ergeben war, ihn dazu veranlaßt habe, trotz der flehentlichen Warnungen seiner Freunde mit der notorisch seeuntüchtigen *Ercole* zu reisen. Vier Jahre zuvor hatte er die *Confessioni* geschrieben, ein Buch, das es, was den planlosen Charme und die einfache Erzählung häuslicher Begebenheiten angeht, durchaus mit *Dichtung und Wahrheit* aufnehmen kann, wobei seine Heldin, La Pisana, eine so lebendige Figur ist wie Goethes Philine oder (könnte man fast sagen) wie Thackerays Beatrix.

Ippolito Nievo selbst kam aus Venedig und war durch seine Familie bestens vertraut mit dem Leben in den kleinen Städten und in den schloßartigen Villen des venezianischen Hinterlandes, wie es sich gegen Ende des achtzehnten Jahrhunderts abspielte. Die *Confessioni* geben uns ein Bild vom Leben eines jungen Burschen in einem adligen Schloß bei einer Stadt mit dem Namen Portoguaro und später dann in Venedig; und es gehört zu einer der wirklich bemerkenswerten Tatsachen an diesem Buch, daß sein junger Autor zu einer Zeit, als andere italienische Romanschreiber die hochfliegenden Abenteuer mittelalterlicher Ritter und Damen beschrieben, die ganzen Theaterrequisiten der Romanzen weit von sich schob und sich daranmachte, mit dem unglaublichen Detailreichtum und dem ruhigen Humor eines holländischen Genremalers von den Sitten und Gebräuchen seines kleinen Winkels von Italien zu berichten, wie seine Eltern sie ihm beschrieben hatten. Nievos Erzählung von den Provinzadligen des Veneto zeigt, daß tatsächlich nur eine Tagesreise vom feinen und friedliebenden Venedig entfernt bis zum Ende des achtzehnten Jahrhunderts noch mittelalterliche Sitten, mit all ihrer Gewalt und all ihrer Niedertracht, vorherrschten. Seine edlen Herren in ihren befestigten Schlössern, deren Zugbrücken bei Nacht noch immer hochgezogen werden, haben ihr kleines Gefolge bewaffneter Männer, das im allgemeinen aus der zerlumpten Bauernschaft ihrer Besitzungen besteht, aber manchmal auch aus professionellen Haudegen, Schmugglern und Geächteten, die in den Dienst eines brutalen Lehnsherren getreten sind; Nievo beschreibt mit viel Humor die Streitigkeiten zwischen diesen kleinen Armeen und die Listen, Machenschaften und Verhandlungen ihrer streitbaren Anführer.

In einem anderen Roman, der etwa um dieselbe Zeit veröffentlicht wurde, hat Pietro Scudo, ein Venezianer, der in französischer Sprache schrieb, allerdings mit weit weniger Talent, ein Bild von einer anderen Seite des venezianischen Lebens gegeben, das Leben der verschiedenen Schulen der Musik und der Oper, das auch George Sand in ihrem Buch *Consuelo* darzustellen versucht. Scudos Buch *Le Chevalier Sarti* ist nicht unverdientermaßen in Vergessenheit geraten. Es ist in diesem abgeschmackten Stil der Romantik geschrieben – dem Stil, den Flaubert in einem Moment der Verzweiflung als »les embêtements bleuâtres du lyrisme poitrinaire« (die bläulichen Ärgerlichkeiten des schwindsüchtigen Lyrismus) beschrieben hat; seine Heldin stirbt wie Chateaubriands unglückliche Madame de Beaumont an der Modekrankheit dieser Zeit, an der *maladie de langueur*. Der Aufbau des Buches ist außerdem so schlecht, daß es schon an völlige Zusammenhanglosigkeit grenzt, und bei seinen Charakteren handelt es sich um die üblichen Marionetten der romantischen Romane. Und doch, trotz all dieser Mängel, ist es Scudo gelungen (während George Sand daran gescheitert ist), die Atmosphäre Venedigs im achtzehnten Jahrhundert einzufangen. Es liegt nicht daran, daß er ein so großes Schriftstellertalent gewesen wäre, sondern an seiner geduldigen Sammlung kleiner Einzelheiten. Wenn dies auch nicht das wichtigste Merkmal für die Anlage eines guten historischen Romans ist, so ist es doch ein wichtiger Teil dabei. George Sand jedoch war über so simple Methoden erhaben. Da ihr jede künstlerische Sensibilität und die Fähigkeit historischer Imagination, die damit einhergeht, vollkommen abging, mußte sie sich auf die vagesten Allgemeinheiten beschränken, wenn sie Szenen und Gebräuche beschrieb, die der »romantischen« Vorstellung vom Leben ganz und gar fremd sind. Die Natur und die menschlichen Leidenschaften waren die einzigen Dinge, die sie interessierten, und im Venedig des achtzehnten Jahrhunderts gab es überhaupt keine Natur und ganz wenig menschliche Leidenschaften. Daher vermitteln die Szenen in *Consuelo*, die in Venedig spielen, den Eindruck, sie seien ganz der spontanen Eingebung entsprungen, während die Scudos etwas von phantasieloser Genauigkeit haben. In *Le Chevalier de Sarti* wird der Liebhaber des »dekadenten« Venedig unzählige interessante Details finden, Beschreibungen des Lebens in den Villen an der Brenta, von Konzerten in der berühmten Scuole, Karnevalsszenen am Ridotto und *parties fines* am Orto di San Stefano, dem beliebtesten Ausflugsziel der galanten Welt; auch helfen die Nebenfiguren in dem Buch, die dem obligatorischen Romantizismus des Helden und der Heldin entkommen konnten, ein buntbevölkertes Bild von einer Welt zu geben, die so strahlend hell und zerbrechlich war wie Muranoglas, in dem sich die Sonne bricht.

IX

Doch nicht bei Nievo oder bei Scudo, nein, nicht einmal bei Longhi und Goldoni kommt man dem verschwundenen Venedig des achtzehnten Jahrhunderts am besten auf die Spur.

Im Museo Correr am Canale Grande ist vor kurzem ein Raum eröffnet worden, der eine Sammlung lebensgroßer Puppen enthält, die die verschiedenen Kostüme des *Settecento* tragen.

Da steht dann der Senator in seiner roten Robe, die stolze Procuratessa in Brokat und Muranospitze gekleidet, der Abatino in seinem pflaumenfarbenen Taftmantel und den schwarzen enganliegenden Kniehosen, der modische Nachtschwärmer in *bauto* und Maske, der Lakai in seiner Livree aus blaßblauer Seide, der Rechtsanwalt, der Gondoliere, der Stallknecht und der edle Marquis in seinem Reitanzug aus weißem Wildleder. Man kommt sicherlich nirgendwo sonst dieser kleinen Welt so nahe, die ganz wesensmäßig eine Welt der Erscheinung war, eine Welt schöner Kleider, fröhlicher Farben und anmutiger, höflicher Haltung. Die Puppen sind wahrhaftig nicht anmutig. Der Cavaliere Leandro kann beim Näherkommen der Procuratessa keine schwungvolle Verbeugung mehr machen oder einen Liebesbrief in den Muff der bezaubernden Angelica stecken; der Senator mag so hochmütig auf den Abate und den Rechtsanwalt starren, wie er will, er bringt diese bescheidenen Leute nicht mehr dazu, auch nur einen Zentimeter aus seinem Weg zu weichen; und der edle Marquis in seinen makellosen Wildlederhosen und Handschuhen wird sich nie mehr aufmachen, um vom »Vogelturm« in den euganeischen Hügeln Drosseln zu schießen. Aber gerade die Steifheit ihrer einst so beweglichen Glieder erscheint wie eine Allegorie ihres letztendlichen Zustands. Da stehen sie, die armen Marionetten des Schicksals, beiseite geworfene Spielzeuge der Götter, in Haltungen verdutzten Erstaunens, als wären sie mitten in ihren Lustbarkeiten vom Blitzschlag des gefürchteten korsischen Zauberers getroffen worden – denn es war nicht der Tod, sondern Napoleon, der »stepped tacitly and took them« (stillschweigend herbeitrat und sie mitnahm – *A Toccata Of Galuppi's*), hinweg von ihren Machenschaften und ihren Freuden, von dem Sonnenschein und der Musik auf den Kanälen in die bleiche Welt des Vergessens, wo nur dann und wann ein Träumer, der nach den Spuren jener Tage der kleinen Dinge sucht, ihre melancholischen Larven noch besucht.

EDITH WHARTONS
ITALIEN DER HINTERGRÜNDE

Von Hanns-Josef Ortheil

Die Reisenden halten sich zu Beginn unseres Jahrhunderts in Graubünden auf, genauer gesagt in Splügen, nahe der italienischen Grenze. Splügen ist noch nicht Italien, es ist unverkennbar immer noch Schweiz, und so gibt es denn schöne Spielzeug-Chalets, eine Unmenge von Gipfeln und diese onyxfarbenen Wildbäche, auf die man meist nur herabschaut: »Man hat das Gefühl, eine Szene vor sich zu haben, in der *nie etwas geschehen* ist«, so einfach, schlicht und bedrückend heiter ist alles. Man geht in dieser Kühle spazieren, man bestaunt das klassische Landschaftsangebot, die Felsenschlucht, die Bergspitzen, den Wald und den Wasserfall, doch nach dem Abendessen erwartet man auf der Terrasse den Höhepunkt des Tages: die Ankunft der Postkutschen.

Endlich kommen sie, und für einen Moment verwandelt sich Splügen in ein kleines Theater, mit fremden Gestalten und Passagieren, die sich nur kurz aufhalten werden, um bald wieder in der Ferne zu verschwinden. Mit ihnen ist plötzlich die Ahnung Italiens da, die Ahnung von Hitze und beschwerlicher Fahrt, doch die Kutsche, die einen am nächsten Morgen nach Chiavenna bringen könnte, ist ganz nah, sie steht direkt vor der Terrasse.

Und dann ist es soweit. Innerlich hat man sich längst von dieser »Landschaft aus einem Sanatoriumsprospekt« verabschiedet, von diesem »Paradies alter Jungfern« und ordentlich gebändigter Weinreben, von diesen gedrechselten Chalets, die »eher an Kunsttischlerei als an Architektur« denken lassen. Niemand wußte später, wer die Kutsche an einem frühen Morgen direkt vor die Haustür bestellt hatte, man brauchte bloß noch das Gepäck hinten festzumachen, dann ging es los, »in heißen Serpentinen in ein Land, wo Kirchtürme sich in Campanili verwandeln, wo der Wein aus der Gefangenschaft der Senkrechten ausbricht und sich in befreiter Umarmung um die Maulbeerbäume windet und wo in der Ferne jenseits der Ebene die lockende Luftspiegelung der Dome und Türme, der bemalten Wände und der skulpturenreichen Altäre sogar in die hintersten Winkel der Erinnerung strahlt ...«

Selten ist die Verlockung Italiens und der Aufbruch in dieses Land schöner beschrieben worden. Man möchte nicht aufhören, die Schilderungen Edith Whartons zu zitieren, Satz für Satz. Es sind Berichte, die in beinahe Proustscher Manier von einer Exaktheit der Sinneseindrücke handeln, die einen jeden Weg, selbst wenn man ihn noch nicht kennen sollte, miterleben lassen.

Edith Wharton (1862-1937) kam mit ihren vermögenden Eltern und einem Kindermädchen schon als Vierjährige nach Italien. Noch viele Jahre später erinnerte sie sich detailliert an ihre römischen Kinderspiele auf den Höhen des Pincio, des Palatin oder in den Gärten der Villa Doria-Pamphili. Ihre ersten erzählerischen Versuche siedelte sie in diesen Bezirken an, sie waren ein frühes Indiz dafür, welch starken Eindruck Italien auf das junge Mädchen gemacht hatte.

Die Familie blieb sechs Jahre in Europa. Man lebte in Italien, Spanien, Frankreich und Deutschland, und als Edith im Alter von zehn Jahren wieder nach New York zurückkehrte, beherrschte sie neben dem Englischen drei weitere Sprachen.

Auch in New York blieb sie mit Europa verbunden. Frühreif und bildungshungrig bediente sie sich der großen elterlichen Bibliothek und las die Klassiker der europäischen Literatur ebenso wie theologische, philosophische und historische Werke. Wegen einer Erkrankung des Vaters zog die Familie 1881 erneut nach Frankreich und ließ sich in Cannes nieder, wo die junge Edith zum ersten Mal auf die Schriften John Ruskins stieß. Ruskins hochmelodische und enthusiastische Arbeiten über Venedig, seine Fähigkeit, Sinneseindrücke in einer beinahe impressionistischen Manier zu malen, beeindruckten sie so sehr, daß sie noch in späteren Jahren ein geheimes Vorbild waren.

Nach dem Tod des Vaters 1882 zogen Mutter und Tochter wieder nach Amerika, und Edith mußte annehmen, das geliebte Europa nun auf Jahre nicht wiederzusehen. Erst durch ihre Heirat mit dem dreizehn Jahre älteren vermögenden Bostoner Bankier Edward Wharton (1885) ergab sich die Gelegenheit der ersehnten Rückkehr. Jedes Frühjahr brach das Ehepaar von nun an nach Italien und Frankreich auf und verbrachte dort mehrere Monate. Man blieb nicht an einem Ort, sondern war unermüdlich unterwegs, wie besessen davon, die klassischen italienischen Kunstlandschaften in allen Nuancen und vor allem auch auf unbekannten Wegen kennenzulernen.

Edith Wharton hielt sich an das europäische Bildungs-ideal der »Grand tour«, auf der man sich im idealen Fall ein breites, beinahe enzyklopädisches Wissen von der Literatur, Kunst, Architektur und Musik eines Landes erwarb, das durch reiche Lektüre vertieft wurde. Die frühen Jahre des Reisens und Umherschweifens wurden dadurch entscheidend für ihre weitere Entwicklung.

Es waren gleichzeitig die Jahre, in denen sich in der europäischen Literatur, vor allem inspiriert durch die Venedig-Studien John Ruskins, ein neuer Typus von Rei-seliteratur entwickelte, den Edith Wharton durch ihre umfangreichen Lektüren, aber mehr noch durch die di-rekte Bekanntschaft mit den Autoren schon im Stadium ihres Entstehens kennenlernte und gierig in sich auf-nahm.

In Amerika besuchte sie der junge französische Autor Paul Bourget, der gerade mit seinen *Sensations d'Italie* Furore gemacht hatte, und Bourget war es dann, der einen Kontakt zu Vernon Lee herstellte, die in der Nähe von Florenz lebte und für Edith Wharton zu einer Art Vorbild wurde. Auch Vernon Lee war von England aus schon früh mit ihren Eltern nach Frankreich gekommen, auch sie hatte lange Jahre in Rom gelebt und schon als Vierundzwanzigjährige Bücher über italienische Kunst und Kultur geschrieben.

Da Edith Wharton aber meist nur die Hälfte des Jahres in Europa verbringen konnte, fiel es ihr nach der jähr-lichen Rückreise in die Staaten immer schwerer, in so großer Entfernung von den Ländern ihres Bildungsinter-esses zu leben. So überredete sie 1893 ihren Mann, Land's End, ein großes Anwesen auf Rhode Island zu kaufen, das sie zusammen mit dem Architekten Ogden Codman nach ihren eigenen, durch die europäischen Erfahrungen geprägten Vorstellungen, gestaltete. Italienische Möbel wurden nach Land's End gebracht, die Räume nach italienischen Vorbildern dekoriert und der Garten im Stil französischer Gärten angelegt.

Land's End wurde mit der Zeit zum Treffpunkt eines literarischen Freundeskreises, durch den Edith Wharton Anregungen für ihr weiteres Europa-Studium erhielt. Vor allem war es aber auch der Anlaß für ihr erstes größeres Sachbuch-Projekt, das sie zusammen mit dem Architekten Ogden Codman in Angriff nahm. *The Decoration of Houses* erschien 1897 und wurde zu einem ersten großen Erfolg, der gleichzeitig auch zu einer Art Durchbruch für Edith Whartons literarisches Schreiben wurde. Zwei Jahre später erschien ein Band mit Kurzgeschichten und dann in rascher Folge eine Novelle und ein Roman.

Zusammen mit ihrem Mann hatte sie inzwischen in Lenox, Massachusetts, ein anderes Anwesen erworben, das mit seinem über vierzig Hektar großen Gelände noch bessere Möglichkeiten für ihre gestalterischen Fähigkeiten bot. »The Mount« wurde so zu einem herrschaftlichen Landsitz, dessen weite Zimmerfluchten umgeben waren von großen Ziergärten und hügeligen Wäldern und Wiesen, die sie zum Teil nach dem Vorbild der alten italienischen Gärten angelegt hatte, denen in diesen Jahren ihre ganze Aufmerksamkeit galt.

Angeregt von Vernon Lees Buch *Limbo*, das 1897 erschienen war und sich bereits mit dem Thema der italienischen Gartenkunst beschäftigt hatte, konzentrierte sich Edith Wharton während ihrer Italienreisen in den ersten Jahren des neuen Jahrhunderts vor allem darauf, möglichst viele der alten Gärten genauer zu studieren. Sie machte die Bekanntschaft ihrer Besitzer, erforschte die Geschichte der Gärten und beschrieb sie in einer am Impressionismus der Ruskinschen Sprache geschulten Prosa. *Italian Villas and their Gardens* erschien 1904 als Buch und begründete Edith Whartons dann rasch wachsenden Ruhm als Reiseschriftstellerin.

Schon ein Jahr später veröffentlichte sie dann *Italian Backgrounds*, die hier in deutscher Übersetzung vorliegende Sammlung von Reisebeschreibungen italienischer Kunstlandschaften, mit denen sie so etwas wie eine Summe ihrer bereits in Jahrzehnten gesammelten Italien-Eindrücke zog.

Man versteht das Entrée der Sammlung, »Eine Poststation in den Alpen«, das den schon erwähnten Postkutschen-Aufbruch der Reisenden in Splügen beschreibt, nach dem Blick auf ihre Biographie nun genauer. Die beinahe vibrierende Schilderung des aufgeregten Wartens auf die Fahrt hinunter nach Oberitalien lebt noch ganz von der jugendlichen Italien-Begeisterung der inzwischen bekannt gewordenen Autorin. Zugleich enthält diese Studie der Erwartung und Anspannung aber auch einen letzten Rückblick auf die alte Postkutschenzeit. Man wartet noch lange, man bereitet sich auf die Fahrt vor, man erlebt den Aufbruch wie einen Schnitt, während die Fahrt einem langsamen Gleiten ähnelt, das Zeit genug bietet für das ruhige Beobachten und Schauen.

1905, im Jahr der Veröffentlichung der *Italian Back-*

grounds, hatte Edith Wharton aber längst ein ganz anderes Reisen erlebt, denn als eine der ersten bedeutenden Reiseschriftstellerinnen war sie nun vor allem mit dem Automobil unterwegs. Das neue, von ihr enthusiastisch gefeierte Verkehrsmittel erlaubte ihr vor allem, größere Distanzen an einem einzigen Tag zurückzulegen und Landschaften als einen geographischen und ästhetischen Zusammenhang zu erleben.

Die Porträts der *Italian Backgrounds* sind kulturhistorisch auch deshalb interessant, weil sie den verhaltenen, ausdauernden und intensiven Studier-Blick der Postkutschenzeit mit dem streifenden, filmisch werdenden Breitwand-Blick des neuen Verkehrszeitalters verbinden. Über dieses bloß historische Interesse hinaus sind sie durch ihre Frische und Vitalität aber längst zu Klassikern der großen Reiseliteratur geworden. Nicht zufällig entstanden sie nämlich in einer Zeit, in der sich die inzwischen hoch entwickelte Porträtkunst des europäischen Romans der Reise zuwandte und die Darstellung von Landschaften, Städten und Kulturen zu einem literarischen Thema wurde.

Reiseliteratur galt jetzt als ein eigenes Kunst-Genre. Gegenüber den bloß faktischen und trockenen Vermerken der üblichen Reiseführer entwarf sie die unverwechselbare Gestalt, das Einzigartige und Individuelle einer Kunstlandschaft.

Edith Whartons Porträts nehmen diese Aufgabe auf beinahe vorbildliche Weise ernst. In ihnen dominiert die Fülle der sensuellen Reize, die ein wunderbar wandelbarer und differenziert kolorierender Stil einfängt; daneben aber wird das breit erworbene Wissen um Natur,

Geschichte und Kunst nicht vernachlässigt. Beide Momente verbinden sich vielmehr zu einer Dramaturgie, die das sensuelle Beschreiben von Eindrücken in die kunsthistorische Erläuterung münden läßt oder aber die kunsthistorische Erläuterung in sensueller Beschreibung auflöst.

Durch diese Dramaturgie sind Edith Whartons Italien-Porträts mit den neuen Techniken der europäischen Essayistik verbunden, die ja ebenfalls in diesen Jahren eine Blüte erlebt. Auch der Essay ist ja nichts anderes als der Versuch, die Fülle der subjektiven Eindrücke gegenüber dem Bildungswissen zu behaupten. Die großen Essayisten behandeln die Themen, für die andere Autoren Bücher und Abhandlungen brauchen, daher wie nebenbei. Sie kennen diese Bücher, sie verfügen über den Großteil des Spezialwissens, der nötig ist, das Fremde zu verstehen. Aber sie bleiben bei diesem Wissen nicht stehen, sondern bilden es um, machen es sich gefügig und erzählen es.

Vor allem aber schaffen sie sich ihre eigenen Begriffe, Begriffe, die den sinnlichen Eindruck lebendig bleiben lassen und ihn verbildlichen.

Italienische Städte, erzählt Edith Wharton dann etwa in einer derart bildlichen Manier, offenbaren sich in mehreren Perspektiven. Sie haben einen Vordergrund, für den eiligen Besucher, einen Mittelgrund, für die, die länger bleiben als drei Tage, und einen grenzenlosen Horizont für die Müßiggänger. Um Italien kennenzulernen, muß man durch alle drei Welten hindurch: »... es gibt keine Abkürzungen auf dem Weg zur Intimität mit Italien.«

Hat man sich aber durch die Vorderschichten hindurchgearbeitet, beginnen die Verwandtschaften zu leuchten, und man entdeckt in den kleinsten Dingen am Wegrand den Abdruck der großen Meisterwerke, die dieses Land wie kein anderes formten und die es noch heute zu einem so großen Faszinosum machen.

Genau solchen Bezügen geht Edith Wharton nach, wenn sie das Venedig des achtzehnten Jahrhunderts beschreibt und es in den Bildern Longhis und Guardis erkennt, wenn sie ihre Romliebe zu verstehen sucht und die Fluchten Berninis in Beziehung setzt zur Monumentalität der antiken Bauten. All diese Wege folgen der Suche nach einer charakteristischen »Mixtur«, die das »berühmte Italiengefühl« ausmacht, einer Mixtur, die »ihren besonderen Geschmack verlieren kann, wenn auch nur eine Zutat fehlt«.

Diese Mixtur kündigt sich zunächst als etwas Atmosphärisches an, und es bedarf der hochimpressionistischen Sprache der Autorin, um es einzufangen, in Wendungen wie denen von der »glattpolierten Morgenluft«, der »regengedämpften« Märzluft und dem Perligen der »stillen Luft«. Hier, in den Annäherungen an Farben, Gerüche und Klänge, zeigt sich das artistische Vermögen, und wie immer ist die Beherrschung dieser Kunst das untrügliche Indiz dafür, daß sich dieselbe Meisterschaft auch im reflektierenden Kunsturteil beweisen wird.

Das Gegenmoment zum Impressionismus ist daher der Blick auf das konkrete, oft vernachlässigte oder links liegen gelassene Detail. Beide Blickhaltungen aber bewähren sich emphatisch zunächst in den in früheren Jahrhunderten meist eilig durchreisten Landschaften Oberitaliens, jenen eigentlichen Gegenden der beginnenden und wachsenden Verlockung, in der die alten Bilder des Nordens im »goldenen Geblendetsein von der Hitze« langsam verschwinden.

Es sind Orte wie Brescia oder Parma und Städte wie Mailand, es sind Gegenden wie das Veltlin, die mit dem Blick auf »Weite, Ordnung und noble Entwürfe« studiert werden, später kommt die Toscana, ganz spät erst Sizilien dazu, in einem hymnischen Text über den »März in Italien«.

Manchmal glaubt man, der Beschreibung von Turnerschen Bildern beizuwohnen, einer Beschreibung, die durchaus auf der Höhe der malerischen Kunst ist, und sicher hat die Autorin aus der alten Tugend des Bilderstudiums erst die Grundfermente ihrer Sprache gewonnen: »Was da im frühen Morgenlicht vor uns lag, schien auch tatsächlich eine unbekannte Welt zu sein. Die Hügel, die am Mittag so klar umrissen sind und zum Sonnenuntergang hin so weich modelliert erscheinen, verschmolzen mit einem silbernen Meer, dessen entfernteste Wellen nicht mehr auszumachen waren, weil sie in Wogen von strahlendem Dunst übergingen. Nur das, was ganz nah im Vordergrund war, behielt seine präzisen Konturen, doch auch diese Dinge hatten etwas Unwirkliches. Felder, Hecken und Zypressen waren von einer Lichtaureole umhüllt, die an die goldenen Wellen denken ließ, die im Vordergrund von Botticellis ›Geburt der Venus‹ über das Gras laufen. Der Sonnenschein hatte die Dichte von Blattgold: wir schienen geradezu durch die Landschaft eines alten Meßbuchs zu fahren.«

Nicht nur durch solche Passagen ist Edith Whartons »Italien«-Band eine große Entdeckung. Es ist ein Band

für die Liebhaber der Hintergründe, in dem man auf jeder Seite immer wieder erstaunt innehalten wird über
einen verblüffenden Gedanken oder ein einzigartiges
Bild. In der kaum übersehbaren Italienliteratur behaupten die *Italian Backgrounds* als Meisterwerke der Reiseliteratur daher einen einsamen Rang.

Leon Battista Alberti (1404-1472). Architekt, Schriftsteller, Dichter und Kunsttheoretiker, ein »uomo universale« des italienischen Frühhumanismus. Von ihm stammen die Fassaden von San Andrea in Mantua und Santa Maria Novella in Florenz.

Giovanni Battista Aleotti (1546-1636). Architekt und Ingenieur, der vor allem in Ferrara wirkte. Sein Hauptwerk ist das 1618 bis 1628 erbaute Teatro Farnese in Parma.

Antonio Allegri, genannt il Correggio (ca. 1489-1534). Einer der bedeutendsten Maler der italienischen Hochrenaissance, der in seiner Frühzeit von Andrea Mantegna, später von Leonardo da Vinci, Raffael und Michelangelo beeinflußt wurde. Er schuf religiöse und mythologische Darstellungen, für die raffinierte Verkürzungen, lichtreiche Atmosphäre, stimmungsvolle Landschaften und eine unaufdringliche Bewegtheit der Figuren charakteristisch sind. Seine Fresken zeichnen sich durch eine kühne perspektivische Untersicht aus. Er hat die italienische Malerei und die Barockmalerei entscheidend beeinflußt.

Benedetto Antelami (ca. 1150-ca. 1230). Der bedeutendste italienische Bildhauer der romanischen Zeit mit großem Einfluß auf die nachfolgende italienische Plastik. Zu den Hauptwerken gehören die vielfigurige »Kreuzabnahme« in der Cappella Baiardi und das Baptisterium in Parma.

Giovanni Battagio (ca. 1465-ca. 1493). Architekt aus der Schule von Bramante; vor allem für seinen Entwurf der Chiesa dell'Incoronata in Lodi bekannt.

Michelino da Besozzo (um 1388-1445). Maler und Miniaturmaler, der in Mailand und Pavia arbeitete und zu den größten Vertretern der internationalen Gotik gehört.

Eugène de Beauharnais (1781-1824). Stiefsohn Napoleon Bonapartes, der mit dem Stiefvater an der siegreichen Schlacht von Marengo teilnahm. Als sich Napoleon 1805 zum König von Italien ernannte, setzte er Eugène de Beauharnais um seiner militärischen Verdienste willen zum Vizekönig ein.

Hans Sebald Beham (1500-1550). Deutscher Kupferstecher, Radierer und Reißer für Holzschnitte. Er gehörte zu den produktivsten Künstlern unter den sogenannten »Nürnberger Kleinmeistern«, die dem klassischen Stil des verstorbenen Albrecht Dürer nacheiferten.

Bernardo Bellotto, genannt il Canaletto (1720-1780). Die Autorin nennt ihn versehentlich Bellotti und schreibt ihm einen irrtümlichen Verwandtschaftsgrad zum bekannteren Canaletto zu, dessen Neffe sowie Schüler er war.

Giovanni Lorenzo Bernini (1598-1680). Er war der größte Bildhauer des siebzehnten Jahrhunderts und einer der größten Baumeister seiner Zeit. Bernini war aber auch Dramaturg, Bühnenbildner und Maler. Zu seinen allbekannten Werken gehören die Kolonnaden des Petersplatzes in Rom, der Tritonbrunnen auf der Piazza Barberini sowie der Vierströmebrunnen auf der Piazza Navona in Rom.

Domenico di Tommaso Bigordi, genannt il Ghirlandaio (1449-1494). Einer der größten florentinischen Freskenmaler und Lehrmeister Michelangelos. Zu seinen bekanntesten Werken zählen »Die Berufung von Petrus und Andreas«, die Papst

Sixtus IV. für die Sixtinische Kapelle in Rom in Auftrag gab, sowie die Wandbilder im Chor von Santa Maria Novella in Florenz.

Bonifazio – siehe Bonifazio de' Pitati, genannt Bonifazio Veronese

Alessandro Bonvicino, genannt il Moretto (1498-1554). Maler, der seine Werke durch venezianische Einflüsse, insbesondere eine sensible Farbgebung nach Foppas Vorbild, bereicherte. Seine Malerei übte einen starken Einfluß auf Romanino und Piazza aus.

Francesco Borromini (1599-1667). Baumeister der Kirchen San Carlo alle Quattro Fontane, Sant'Ivo alla Sapienza, des Oratoriums von San Filippo Neri und des Innenausbaus von San Giovanni Laterano; wird wegen seiner dynamischen Raum- und Lichtverteilung zu den Hauptvertretern des italienischen Hochbarock gezählt.

Canaletto – siehe Bernardo Bellotto, genannt il Canaletto, und Antonio Canal, genannt il Canaletto

Antonio Canal, genannt il Canaletto (1697-1768). Venezianischer Maler und Kupferstecher und einer der bekanntesten Künstler des achtzehnten Jahrhunderts. Von den in Venedig ansässigen Engländern sehr geschätzt, wurden viele Werke von der dortigen englischen Gemeinde in Auftrag gegeben. Die Präzision seiner Gemälde ist der langen Vorbereitung, die Canaletto allen seinen Werken widmete, zu verdanken; dabei ging er so weit, maßstabsgetreue Modelle der Dogenpaläste, die er malen wollte, anzufertigen.

Agostino Carraci (1557-1602). Maler und Kupferstecher aus italienischer Künstlerfamilie. 1600 folgte er dem Ruf Ranuccio Farneses nach Parma, in dessen Gartenpalast er einen Saal mit mythologischen Fresken ausmalte.

Vittore Carpaccio (ca. 1460-1525/26). Großer epischer Maler der älteren venezianischen Schule, der vor allem für die Fülle seiner naturgetreuen Details und seine geschickte Lichtgebung bekannt ist. Unter anderen namhaften Werken sind der Zyklus zur Vita der heiligen Ursula sowie die Szenen aus dem Leben der Muttergottes zu erwähnen.

Cieco da Gambassi – siehe Giovanni Francesco Gonnelli, genannt il Cieco da Gambassi

Correggio – siehe Antonio Allegri, genannt il Correggio

Piero di Cosimo (1461/62-1521). Italienischer Maler, der 1481/82 bei der Ausführung von Fresken in der Sixtinischen Kapelle des Vatikans mithalf. Unter dem Einfluß Leonardos und flämischer Werke bildete er sich zu einem originellen Gestalter mythologischer und allegorischer Themen. »Der Tod der Procris« befindet sich heute in der National Gallery in London. In seinem versponnenen Erfindungsreichtum und seiner eigenwilligen Farbgebung gilt er als Außenseiter der florentinischen Malerei.

Lorenzo Costa (ca. 1460-1535). Italienischer Renaissancemaler. Ab 1506 war er Hofmaler in Mantua, wo er für Isabella d'Este zwei Allegorien malte, um den mythologischen Zyklus für ihr berühmtes Studiolo in Mantua zu ergänzen (»Das Reich der Musen« und »Merkur bekämpft die Laster im Olymp«, heute beide im Louvre in Paris).

Carlo Crivelli (ca. 1430-1494). Von Squarcione und später Vivarini beeinflußter Maler, dem u. a. das Polyptychon im Dom von Ascoli Piceno zu verdanken ist.

Gaudenzio Ferrari (1470/80-1546). Maler der lombardischen Schule und Schüler Bernardino Luinis, der ihn stark beeinflußte. Zu seinen bekanntesten Werken gehören die Fresken einiger Kapellen auf dem Sacro Monte in Varallo sowie der »Engelschor« von Santa Maria dei Miracoli in Saronno.

Jean-Pierre Claris de Florian (1755-1794). Französischer Dichter leichtfüßiger Komödien über das Bürgertum und romantischer Hirtennovellen, die zu den besten Beispielen der damaligen Schäferdichtung zählen.

Vincenzo Foppa (ca. 1430-1515). Hauptexponent der lombardischen Malerei des fünfzehnten Jahrhunderts, der zuerst dem Beispiel Jacopo Bellinis und Bonifacio Bembos, danach Andrea Mantegnas nacheiferte. Malte unter der Schutzherrschaft Francesco und Galeazzo Sforzas die Fresken der Certosa in Pavia und den großen Freskenzyklus in der Capella Portinari in Mailand.

Baldassare Galuppi (1706-1785). Venezianischer Komponist, der über zwanzig Werke Goldonis Dichtungen widmete.

Gaudenzio – siehe Gaudenzio Ferrari

Salomon Gessner (1730-1788). Schweizer Schriftsteller, Maler und Kupferstecher. Mit seinen »Idyllen«, einem Hirtengedicht in Prosa, sowie dem epischen Gedicht »Der Tod Abels« wurde er zum Hauptvertreter des Rokoko in der Literatur.

Ghirlandaio – siehe Domenico di Tommaso Bigordi, genannt il Ghirlandaio

Giovanni Francesco Gonnelli, genannt il Cieco da Gambassi (1603-1664). Bildhauer und Schüler von Tacca; seine vielfarbigen Terrakotten stechen durch die starke Ausdrucksweise des Stils sowie ihre Machart hervor. Seine Werke befinden sich in verschiedenen Kirchen der Gegend um Siena.

Francesco Guardi (1712-1793). Letzter großer Vertreter der venezianischen Vedutenmalerei, der die launenhafte Improvisation der objektiven Genauigkeit vorzog.

Filippo Juvara (1678-1736). Architekt und Bühnenbildner. Ab 1714 königlicher Architekt in Turin, in welcher Funktion er mehrere Schloßanlagen und große Kirchenbauten realisierte. U.a. baute er die Votivkirche La Superga oberhalb von Turin, das Jagdschloß von Stupinigi und die Kirche Santa Maria del Carmine, beide in Turin.

Pompeo Leoni (1533-1608). Sohn des berühmteren Leone Leoni (ca. 1509-1590), Bildhauer und Architekt der Fassade der Casa degli Omenoni. Die Autorin hat die Pläne des mailändischen Palastes wahrscheinlich irrtümlicherweise dem Sohn und engen Mitarbeiter seines Vaters zugeschrieben.

Baldassarre Longhena (1598-1682). Architekt, Schüler Scamozzis, dessen Procuratie Nuove auf der Piazza San Marco in Venedig er fertigstellte. Er arbeitete einen recht eigenständigen Stil heraus, in dem er palladianische und barocke Einflüsse miteinander verschmolz.

Pietro Longhi (1702-1785). Zweifellos von der holländischen Genremalerei beeinflußt, spezialisierte sich Longhi auf die Darstellung kleiner häuslicher und gesellschaftlicher Szenen aus dem venezianischen Alltag. Im Jahre 1756 wurde er zum Direktor der eben gegründeten venezianischen Akademie bestimmt.

Claude Lorrain (1600-1682). Eigentlich Claude Gellée, aber auch einfach Claude genannt, war der Begründer der romantischen Landschaftsmalerei in Frankreich. Er lebte lange in Italien, wo er seine Technik verfeinerte, bis seine Bilder die Qualität seines berühmten »Äneas auf der Jagd in Lybien« erreicht hatten. Seine Werke befinden sich im British Museum in London und im Pariser Louvre.

Bernardino Luini (um 1484-1532). Lombardischer Maler der Hochrenaissance, der vor allem wegen seiner Fresken mit religiösen Inhalten bekannt ist, etwa seiner »Madonna mit Kind« in der Abtei Chiaravalle in Mailand, der beiden Bilder über die »Anbetung der Weisen« und die »Anbetung der Hirten« in der Kathedrale von Como sowie des riesigen Freskos über die »Kreuzigung« in der Kirche Santa Maria degli Angeli in Lugano.

Andrea Mantegna (1430/31-1506). Italienischer Maler, bedeutendster Vertreter des oberitalienischen Quattrocento auf dem Gebiet der Tafelmalerei. Er faßte in einem statuarisch-plastischen Figurenstil unter zitathaftem Rückgriff auf antike Motive die in der Toskana entwickelten Vorstellungen der Perspektive, der Proportion und Anatomie in vorbildliche Lösungen zusammen.

Girolamo Francesco Maria Mazzola, genannt Parmigiano
(1503-1540). Italienischer Maler und Radierer, bedeutendster
Vertreter des Manierismus in der Emilia. Er wirkte vor allem in
Parma und wurde u. a. von Correggio beeinflußt, ohne daß dieser als Lehrer nachweisbar ist.

Michelozzo Michelozzi (1396-1472). Florentinischer Architekt und Bildhauer, der mit Ghiberti, Donatello und Luca della
Robbia zusammenarbeitete. Ihm ist die Fertigstellung der Kathedrale zu Florenz zu verdanken, mit deren Bau Brunelleschi
begonnen hatte, und unter anderen hervorragenden Werken
der Medicipalast, ebenfalls in Florenz, sowie die Außenkanzel
am Dom von Prato.

Antony Mor (Anthonis Mor; ca. 1519-1576/77). Einer der bekanntesten niederländischen Bildnismaler seiner Zeit. Porträ-
tierte viele der Großen seiner Epoche. In der Fähigkeit Mors,
Persönlichkeiten ihrer geschichtlichen Bedeutung gemäß wiederzugeben, lag die Ursache seines Erfolgs.

Moretto – siehe Alessandro Bonvicino, genannt il Moretto

Iacopo Negretti, genannt Palma il Vecchio (ca. 1480-1528).
Italienischer Maler, dessen von Giorgone und dem jungen Tizian beeinflußte Werke in ihrer ausgewogenen Kompositions-
weise und feinabgestimmten Farbigkeit Hauptwerke der venezianischen Hochrenaissance sind.

Palma il Vecchio – siehe Iacopo Negretti, genannt Palma il Vecchio

Giovan Battista Piranesi (1720-1778). Kupferstecher, Architekt und Bildhauer. Seine ersten Erzeugnisse sind durch gro-

teske künstlerische Launen nach barockem Geschmack angeregt, seine reiferen Werke hingegen tragen den Stempel der
klassischen Architektur.

Pisani – siehe Niccolò Pisano und Giovanni Pisano

Giovanni Pisano (1256/50-ca. 1314). Italienischer Bildhauer
und Baumeister, Sohn und Schüler von Niccolò Pisano. Er arbeitete vor allem in Siena und Pisa und schuf Hauptwerke der
mittelalterlichen Skulptur.

Niccolò Pisano (ca. 1225-ca. 1278). Einer der bedeutendsten
Bildhauer des europäischen Mittelalters, der vermutlich im
Umkreis des Stauferkaisers Friedrich II. mit Werken der Antike
in Berührung kam. Er wirkte in der Toskana, vor allem in Siena
und Pisa.

Bonifazio de' Pitati, genannt Bonifazio Veronese (1487-1553).
Maler der venezianischen Schule und Schüler von Palma il Vecchio; später dem venezianischen Manierismus zugeneigt, malte
er Altarbilder, dekorative Gesellschaftsszenen u.a. in satten
warmen Farben und festlich dekorativer Auffassung. Das einzige von ihm signierte und gezeichnete Werk ist die sogenannte
»Madonna dei Sartori« im Palazzo Reale in Venedig.

Giovanni della Robbia (1469-nach 1529). Italienischer Bildhauer, Sohn von Andrea (1435-1525) und Bruder von Girolamo della Robbia (1488-1566), führte als Mitarbeiter in der
Werkstatt seines Vaters die Familientradition farbig glasier-
ter Terrakottabildwerke fort. Der schlichten Auffassung des
Werkstattgründers Luca della Robbia (Onkel von Andrea;
1399/1400-1482) stehen seine malerischen, in der Farbigkeit
auf naturalistische Wirkung zielenden Werke entgegen, die

handwerklich perfekt, doch stilistisch nicht mehr innovativ waren.

Girolamo da Romano, genannt il Romanino (ca. 1484-ca. 1562). Maler aus der Schule von Brescia, der zuerst dem Beispiel der örtlichen Tradition, jedoch immer mehr Tizian folgte. Er brachte zahlreiche Werke hervor, die sich in Brescia und Padua befinden.

Sodoma, eigtl. Giovanni Antonio Bazzi (1477-1549). Italienischer Maler, dessen zur Hoch- und Spätrenaissance zählenden Werke weiches Helldunkel und schwärmerischer Gefühlsausdruck seiner Gestalten kennzeichnen.

Justus Sutterman (Justus Sustermans; 1597-1681). Flämischer Maler, der auch als Porträtist italienischer Höfe, darunter Parma, tätig war.

Giovanni Battista Tiepolo (1696-1770). Er wird als der größte venezianische Maler des achtzehnten Jahrhunderts angesehen. Von ihm stammen die Fresken in den Palazzi Archinti, Dugnani und Clerici in Mailand; er trug mit seinen Fresken zu vielen der schönsten venezianischen Villen sowie zahlreichen Kirchen in Italien und im Ausland bei. Den Höhepunkt seines Schaffens bilden die Fresken im Kaisersaal und im Treppenhaus der Würzburger Residenz.

Joseph Mallord William Turner (1775-1851). Englischer Maler. Nach einer Ausbildung in der Aquarellmalerei entwickelte er einen auf Lichtkontrasten beruhenden, für die Impressionisten wegbereitenden Stil. Stets standen Landschaftsstudien im Mittelpunkt seiner Malerei, was zahlreiche Ansichten Englands und Italiens belegen.

Eugène Emmanuel Viollet-le-Duc (1814-1879). Französischer Architekt, dem unter anderem die Restauration von Notre-Dame in Paris, der Kathedrale von Amiens sowie der Festung von Carcassonne zu verdanken sind.

Lady Mary Wortley Montagu (1688-1762). Mit Pope, Addison und Swift befreundete englische Schriftstellerin. Botschafterin in der Türkei und Autorin der »Briefe aus dem Orient«, in denen sie die osmanische Welt dem Westen näherbringt. Nach ihren zahlreichen Reisen nach Italien und Frankreich entstanden leidenschaftliche Berichte, womit sie eine Tradition weiblicher literarischer Professionalität begründete.

Zu dieser Ausgabe

it 2731, Edith Wharton, *Italien*. Reisebilder. Aus dem Englischen von Gerlinde Völker. Mit einem Nachwort von Hanns-Josef Ortheil. © der deutschsprachigen Ausgabe: wiborada verlag, Irmgard Wespel-Goop, Schellenberg/Liechtenstein 1998. Die Originalausgabe erschien 1905 unter dem Titel *Italian Backgrounds* bei Charles Scribner's sons in New York und bei Macmillan & Co. in London. © für das Nachwort von Hanns-Josef Ortheil: Insel Verlag Frankfurt am Main und Leipzig 2001. Fotonachweis: laif, Köln: Umschlagabbildung, Seite 4, 41, 48, 80, 105, 124, 133, 152, 193 Look, München: 120

Italienische Literatur
im insel taschenbuch

Pietro Aretino. Die Gespräche des göttlichen Pietro Aretino. Übertragen von Heinrich Conrad. it 2570. 532 Seiten

Die Blümlein des heiligen Franziskus von Assisi. Übersetzt nach der Ausgabe der Tipografia Metastasio, Assisi 1901, von Rudolf G. Binding. Mit Initialen von Carl Weidemeyer. it 48. 266 Seiten

Cesare Beccaria. Über Verbrechen und Strafen. Nach der Ausgabe von 1766 übersetzt und herausgegeben von Wilhelm Alff. it 2166. 188 Seiten

Giuseppe Gioacchino Belli. Die Wahrheiten des G. G. Belli. Römer, Huren und Prälaten. Eine Auswahl seiner frechen und frommen Verse. Vorgestellt und übertragen von Otto Ernst Rock. it 754. 345 Seiten

Giovanni di Boccaccio. Das Dekameron. Mit Holzschnitten der italienischen Ausgabe von 1492. Übersetzt von Albert Wesselski. Mit einer Einleitung von André Jolles. it 2577. 1072 Seiten

Giovanni di Boccaccio. Erotische Geschichten. Ausgewählt aus dem Dekameron und übertragen von Albert Wesselski Großdruck. it 2383. 136 Seiten

Roberto Calasso. Die Hochzeit von Kadmos und Harmonia. Übersetzt von Moshe Kahn. it 1476. 434 Seiten

Casanova-Geschichten. Ausgewählt von Eckart Kleßmann. it 2117. 361 Seiten

Leben des Benvenuto Cellini florentinischen Goldschmieds und Bildhauers. Von ihm selbst geschrieben, übersetzt und mit einem Anhange herausgegeben von Johann Wolfgang Goethe. Mit einem Nachwort von Harald Keller. it 525. 559 Seiten

Carlo Collodi. Pinocchios Abenteuer. Übersetzt von Heinz Riedt. Zweisprachige Ausgabe. it 1516. 367 Seiten

Dante. Die Göttliche Komödie. Mit 50 Holzschnitten von Botticelli. Deutsch von Friedrich Freiherr von Falkenhausen. it 94. 686 Seiten

Dante und die Göttliche Komödie. Von Olof Lagercrantz. Übersetzt von Gisbert Jänicke. it 2159. 296 Seiten

Niccolò Machiavelli. Discorsi. Über Staat und Politik. Übersetzt von Friedrich von Oppeln-Bronikowski. Herausgegeben von Horst Günther. it 2551. 528 Seiten

Niccolò Machiavelli. Der Fürst. Übersetzt von Friedrich von Oppeln-Bronikowski. Mit einem Nachwort von Horst Günther. it 1207. 166 Seiten

Machiavelli für Manager. Sentenzen. Ausgewählt von Luigi und Elena Spagnol. it 1733. 109 Seiten

Michelangelo. Sämtliche Gedichte. Italienisch und deutsch. Herausgegeben und übertragen von Michael Engelhard. it 2299. 444 Seiten

Francesco Petrarca. Dichtungen. Briefe. Schriften. Auswahl und Einleitung von Hanns W. Eppelsheimer. it 486. 218 Seiten

Francesco Petrarca. Die schönsten Liebesgedichte. Italienisch und deutsch. Übersetzt, erläutert und mit einem Nachwort von Jürgen von Stackelberg. it 1976. 132 Seiten

Giovanni Verga. Auf den Straßen. Novellen. Übersetzt von Gesa Schröder. it 2638. 128 Seiten

Giovanni Verga. Die Malavoglia. Der Untergang einer sizilianischen Familie. Übersetzt und mit einem Nachwort von René König. it 2720. 336 Seiten

NF 9/3/2.00

Literarische Reisebegleiter
im insel taschenbuch
Eine Auswahl

Athen. Literarische Spaziergänge. Herausgegeben von Paul Ludwig Völzing. it 2505. 314 Seiten

Berlin. Literarischer Führer von Fred Oberhauser und Nicole Henneberg. Mit Abbildungen. it 2177. 517 Seiten

Budapest. Ein literarisches Porträt. Herausgegeben von Wilhelm Droste, Susanne Scherrer und Kristin Schwamm. Mit Fotografien. it 1801. 283 Seiten

Granada. Ein literarisches Porträt. Herausgegeben von Nina Koidl. Mit Fotografien. it 2635. 200 Seiten

London. Literarische Spaziergänge. Herausgegeben von Harald Raykowski. it 2554. 272 Seiten

Madrid. Ein literarisches Porträt. Herausgegeben von Elke Wehr. Mit Abbildungen. it 1981. 272 Seiten

Venedig. Der literarische Führer. Herausgegeben von Doris und Arnold E. Maurer. Mit Fotografien. it 1413. 188 Seiten

Das Engadin. »Glühend in allen Farben«. Porträt einer Landschaft. Herausgegeben von Susanne Gretter. Mit Fotografien. it 2199. 280 Seiten

Dietmar Grieser. Große historische Straßen. Von der Via Appia bis zur Avus. Eine kunsthistorische Spurensuche. Mit Fotografien. it 1974. 130 Seiten

Dietmar Grieser. Nachsommertraum im Salzkammergut. Eine literarische Spurensuche. Mit Abbildungen. it 1848. 262 Seiten

Victor Hehn. Olive, Wein und Feige. Kulturhistorische Skizzen. Mit Abbildungen. Herausgegeben von Klaus von See und Gabriele Seidel-Leimbach. it 1427. 152 Seiten

Mit Rilke durch die Provence. Herausgegeben von Irina Frowen. Mit Fotografien von Constantin Beyer. it 2148. 126 Seiten

Toskana. Ein literarisches Landschaftsbild. Herausgegeben von Andreas Beyer. Mit Fotografien von Loretto Buti. it 926. 265 Seiten

Hermann Hesse. Tessin. Betrachtungen, Gedichte und Aquarelle des Autors. Herausgegeben und Nachwort von Volker Michels. it 1494. 314 Seiten

Mit Hermann Hesse durch Italien. Ein Reisebegleiter durch Oberitalien. Herausgegeben von Volker Michels. it 1120. 215 Seiten

Mit Hermann Hesse reisen. Betrachtungen und Gedichte Herausgegeben von Volker Michels. it 1242. 432 Seiten

Erhart Kästner. Griechische Inseln. Aufzeichnungen aus dem Jahre 1944. Nachwort von Heinrich Gremmels. it 118. 166 Seiten

Erhart Kästner. Kreta. Aufzeichnungen aus dem Jahre 1943. Nachwort von Heinrich Gremmels. it 117. 264 Seiten

NF 31/2/5.00